Roman Schneider

Prokrastination – Du kannst mich mal

Wie Du die Aufschieberitis wirklich loswirst

Roman Schneider

PROKRASTINATION:

DU KANNST MICH MAL

Bibliografische Information der Deutschen Nationalbibliothek: Die Deutsche Nationalbibliothek verzeichnet diese Publikation in der Deutschen Nationalbibliografie; detaillierte bibliografische Daten sind im Internet über http://dnb.dnb.de abrufbar.

Verlag: BoD · Books on Demand GmbH, Überseering 33, 22297 Hamburg, bod@bod.de

Druck: Libri Plureos GmbH, Friedensallee 273, 22763 Hamburg

ISBN: 978-3-8192-6503-7

Inhaltsverzeichnis

Kapitel 1: Willkommen im Club der Meister-Aufschieber...................... 8

Warum Du dieses Buch (wahrscheinlich nicht) lesen wirst 8

Die Kunst des "Gleich-Machens"... 9

Der Prokrastinations-Persönlichkeitstest: Welcher Typ bist Du? 10

Kapitel 2: Die Psychologie der Aufschieberitis 13

Warum unser Gehirn "Später" liebt und "Jetzt" hasst 13

Der Dopamin-Junkie in Dir.. 14

Die innere Stimme, die flüstert: "Noch fünf Minuten..." 16

Kapitel 3: Die fantastischen Ausreden und wo sie zu finden sind 19

Die Top 10 kreativsten Ausreden aller Zeiten 19

Wie Du aus jeder Situation eine "absolute Ausnahme" machst....... 21

Der Ausreden-Generator für alle Lebenslagen............................ 23

Kapitel 4: Digitale Ablenkungen - Wenn das Smartphone schlauer ist als Du 25

Social Media: Dein liebster Produktivitäts-Killer......................... 25

Die Netflix-Falle: "Nur noch eine Folge" (und 8 Stunden später...).. 27

Wie Dein Handy Dich manipuliert und was Du dagegen tun kannst 30

Kapitel 5: Die Wissenschaft des Jetzt-Machens 34

Neurobiologie für Aufschieber.. 34

Warum Willenskraft überbewertet wird....................................... 37

Die "Eat That Frog"-Methode (ohne echte Frösche zu verspeisen).. 40

Kapitel 6: Der 5-Minuten-Trick und andere magische Methoden.......... 43

Warum anfangen das halbe Leben ist... 43

Die Pomodoro-Technik für Tomaten-Hasser 45

Die 5-Minuten-Regel 48

Kapitel 7: Strukturen schaffen, die selbst der innere Schweinehund nicht umgehen kann... 52

Umgebungsdesign für Prokrastinations-Profis.................................52

Die Kunst, sich selbst auszutricksen 56

Warum Deine To-Do-Liste Dein schlimmster Feind sein könnte 59

Kapitel 8: Die Kraft der (Mini-)Gewohnheiten.................................63

Wie Du mit lächerlich kleinen Schritten große Erfolge erzielst 63

Die 2-Minuten-Regel und warum sie funktioniert 66

Habit Stacking: Der Jenga-Turm der Produktivität 70

Kapitel 9: Motivation ist überbewertet - Warum Systeme besser sind ...76

Die Motivation-Mythos-Entlarvung 76

Warum Disziplin ein Märchen ist (und was stattdessen funktioniert)
.................................79

Automatisierung: Lass die Maschinen für Dich prokrastinieren 84

Die Kunst, sich selbst auszutricksen 90

Warum Deine To-Do-Liste Dein schlimmster Feind sein könnte 93

Kapitel 10: Die sozialen Aspekte der Prokrastination.........................99

Wie Du andere als Produktivitäts-Geiseln nutzt.........................99

Accountability-Partner: Freundschaften, die wirklich wehtun können
.................................103

Die Kunst, "Nein" zu sagen (zu allem außer Netflix) 108

Kapitel 11: Prokrastination am Arbeitsplatz meistern 113

Wie Du Dein Büro in eine Produktivitätszone verwandelst...........113

Meeting-Strategien für chronische Aufschieber 119

Der Chef denkt, Du arbeitest: Fortgeschrittene Techniken (die Du
besser nicht anwendest) 124

Kapitel 12: Perfektionismus - Der fiese Zwilling der Prokrastination 130

Warum "gut genug" besser ist als "perfekt niemals" 130

Die versteckte Verbindung zwischen Perfektionismus und
Prokrastination 130

Die versteckten Kosten des Perfektionismus 131

Die "Gut genug"-Revolution: Vom Perfektionismus zur Exzellenz.131

Die 80/20-Regel für Faule 133

Wie Du den inneren Kritiker zum Schweigen bringst (oder ihm
wenigstens Kopfhörer aufsetzt)...134

Kapitel 13: Wenn die Zeit knapp wird - Produktivität unter Druck.......139

Warum Deadlines Deine neuen besten Freunde sind 139

Die Psychologie der Deadline-Magie...139

Die Kunst, Deadlines zu Deinen Gunsten zu nutzen 140

Die Kunst des produktiven Panikmoments 143

Die Wissenschaft hinter dem produktiven Panikmodus 143

Die dunkle Seite des Panikmodus 144

Der "künstliche Panikmodus": Aktiviere ihn, ohne zu leiden 144

Die Panik-Management-Strategien..146

Die Panik-zu-Plan-Transition 147

Wie Du in 24 Stunden schaffst, wofür Du eigentlich 3 Wochen Zeit
hattest 148

Phase 1: Die Schock-Überwindung (15 Minuten) 148

Phase 2: Die Strategie-Entwicklung (30 Minuten) 149

Phase 3: Die Durchführung (22 Stunden) 150

Phase 4: Die Abschluss-Optimierung (1 Stunde) 151

Die Nachbereitung (nach der Deadline) 152

Kapitel 14: Selbstmitgefühl statt Selbstvorwürfe..............................153

Warum Du keine schlechte Person bist (nur eine mit schlechtem
Zeitmanagement)..153

Der Kreislauf der Selbstvorwürfe..153

Warum Prokrastination kein Charakterfehler ist 154

Die Macht des Selbstmitgefühls 155

III

Praktische Selbstmitgefühl-Strategien für Prokrastinierer 156

Häufige Einwände gegen Selbstmitgefühl 158

Der praktische Selbstmitgefühls-Notfallplan 158

Die Macht der Selbstverzeihung 159

Warum Selbstverzeihung funktioniert 160

Der Unterschied zwischen Selbstverzeihung und Ausreden 161

Der praktische Selbstverzeihungs-Prozess 161

Die "Saubere Tafel"-Technik 162

Die wiederkehrende Selbstverzeihung kultivieren 163

Wie Du aus Rückschlägen lernst, ohne in Selbstmitleid zu versinken . 164

Die Rückschlagsanalyse: Der goldene Mittelweg 164

Die Selbstmitleid-Falle vermeiden 165

Die Kunst, hilfreiche Lehren zu ziehen 166

Praktische Tools für produktives Lernen aus Rückschlägen 167

Die Resilienz-Schleife 168

Kapitel 15: Der lebenslange Kampf - Prokrastination als treuer Begleiter 170

Warum Prokrastination nie ganz verschwindet (und das okay ist) 170

Die Prokrastinations-Wellen verstehen 170

Die Erfolgsformel: Reduzieren, nicht Eliminieren 171

Die Reife-Perspektive: Beziehung statt Krieg 172

Die Prokrastinations-Identität loslassen 173

Strategien für den langfristigen Erfolg 174

Die Meta-Strategien 174

Die Lebensphasen-Anpassung 175

Die kontinuierliche Verbesserungsschleife 177

Der Pro-Aktivitäts-Plan für den Rest Deines Lebens (oder bis zur nächsten Staffel Deiner Lieblingsserie) 178

Tägliche Praktiken 178

Wöchentliche Werkzeuge 179

Monatliche Mechanismen 179

Vierteljährliche Quests 180

Jährliche Adjustierungen 180

Schlusswort 182

Über den Autor: 184

Warum Du dieses Buch (wahrscheinlich nicht) lesen wirst

Herzlichen Glückwunsch! Du hast dieses Buch gekauft. Das ist schon mal ein erster Schritt. Wahrscheinlich liegt es jetzt auf Deinem Nachttisch, umgeben von drei anderen Selbsthilfebüchern, die Du angefangen, aber nie zu Ende gelesen hast. Oder vielleicht liest Du gerade diese Einleitung, während Du eigentlich eine wichtige Deadline einhalten solltest. Falls ja: Ich bin stolz auf Dich. Prokrastination auf höchstem Niveau!

Die Tatsache, dass Du bis hierher gelesen hast, bedeutet eines von zwei Dingen:

1. Du bist tatsächlich entschlossen, Deine Prokrastination zu überwinden
2. Du prokrastinierst gerade bei etwas viel Wichtigerem

In beiden Fällen bist Du hier richtig. Dieses Buch wurde von einem Prokrastinations-Experten geschrieben – nicht, weil ich ein zertifizierter Produktivitätscoach bin, sondern weil ich selbst jahrelang Weltmeister im Aufschieben war. Dieses Buch hätte schon vor drei Jahren fertig sein sollen. Siehst Du? Ich weiß, wovon ich rede.

Die gute Nachricht: Wenn selbst ich es geschafft habe, dieses Buch zu Ende zu schreiben, dann kannst Du definitiv lernen, Deine To-Do-Liste abzuarbeiten, anstatt sie immer weiter zu verlängern.

Die schlechte Nachricht: Es gibt keine magische Pille. Kein geheimes Mantra. Keinen revolutionären 3-Schritte-Plan, der Dein

Leben über Nacht verändert. Falls Du solche Versprechungen suchst, lege dieses Buch beiseite und prokrastiniere weiter. Für alle anderen: Lass uns gemeinsam einen humorvollen, aber ernsthaften Blick auf das Phänomen werfen, das uns alle vereint – die Kunst des Aufschiebens.

Die Kunst des "Gleich-Machens"

"Ich mache es gleich" – der Schlachtruf der Prokrastinierer. Diese drei Worte haben mehr Träume zerstört als jede wirtschaftliche Rezession. Aber warum sagen wir "gleich", wenn wir eigentlich "irgendwann in ferner Zukunft, vielleicht nie" meinen?

Das "Gleich-Machen" ist eine feine Kunst. Es erfordert die Fähigkeit, sich selbst so überzeugend zu belügen, dass man es tatsächlich glaubt. "Gleich" kann bedeuten:

- In fünf Minuten (unwahrscheinlich)
- Heute Abend (noch unwahrscheinlicher)
- Am Wochenende (jetzt wird es lächerlich)
- Wenn ich mehr Zeit habe (die mythische Zeit, die nie kommt)
- Wenn die Bedingungen perfekt sind (spoiler: sie werden es nie sein)

Das Paradoxe an der Prokrastination ist, dass wir eigentlich wissen, dass wir uns selbst belügen. Es ist, als würde man sich selbst einen Streich spielen – nur ohne den lustigen Teil am Ende.

Die Wahrheit ist: "Gleich" ist der Kredit, den wir bei der Bank der Zeit aufnehmen, ohne zu bedenken, dass die Zinsen astronomisch sind. Jedes "gleich" summiert sich zu verpassten Gelegenheiten, unnötigem Stress und dem nagendem Gefühl, dass wir nicht ganz so produktiv sind, wie wir sein könnten.

Aber keine Sorge – im Laufe dieses Buches wirst Du lernen, wie Du vom "Gleich-Macher" zum "Jetzt-Macher" wirst. Und das Beste daran? Du musst nicht einmal Deine Persönlichkeit ändern oder zu einem produktivitätsbesessenen Roboter werden.

Der Prokrastinations-Persönlichkeitstest: Welcher Typ bist Du?

Bevor wir tiefer in die Materie eintauchen, lass uns herausfinden, mit welcher Art von Prokrastination wir es bei Dir zu tun haben. Denn wie bei einer Erkältung gibt es verschiedene Stämme dieser Zeitmanagement-Krankheit. Finde heraus, welcher Prokrastinations-Typ Du bist:

1. Der Perfektionist

- Du schiebst Dinge auf, weil sie perfekt sein müssen
- Du startest lieber gar nicht, als etwas Mittelmäßiges abzuliefern
- Dein Motto: "Wenn es nicht perfekt sein kann, warum überhaupt anfangen?"

2. Der Angstmeister

- Du hast Angst vor dem Scheitern
- Oder noch schlimmer: Du hast Angst vor dem Erfolg
- Solange Du nicht anfängst, kannst Du nicht versagen – geniale Logik!

3. Der Chaot

- Du weißt nicht, wo Du anfangen sollst
- Deine To-Do-Liste sieht aus wie ein Telefonbuch
- Organisation ist für Dich ein Fremdwort

4. Der Thrill-Seeker

- Du arbeitest am besten unter Druck
- Der Adrenalinstoß einer nahenden Deadline ist Dein Produktivitäts-Treibstoff
- "Ich habe noch Zeit" ist Dein Mantra bis 24 Stunden vor dem Abgabetermin

5. Der Ablenkungsanfällige

- Ooh, eine neue E-Mail!
- War das eine Benachrichtigung?
- Habe ich Dir schon von meiner neuen Theorie über Schwarze Löcher erzählt?

6. Der Entscheidungsmuffel

- Du kannst Dich nicht entscheiden, womit Du beginnen sollst
- Jede Option scheint gleichzeitig richtig und falsch zu sein
- Am Ende entscheidest Du Dich, gar nichts zu tun – Problem gelöst!

7. Der Rebellische Prokrastinierer

- Du schiebst Dinge auf, weil Du es kannst
- Niemand sagt Dir, wann Du etwas zu erledigen hast!
- Du kämpfst gegen das System – auch wenn das System Dein eigener Kalender ist

Die meisten von uns sind eine Mischung aus verschiedenen Typen. Vielleicht bist Du ein perfektionistischer Thrill-Seeker oder ein chaotischer Rebellischer. Die gute Nachricht ist: Für jeden Typ gibt es Strategien, die funktionieren. In den kommenden Kapiteln werden wir diese entdecken und Dir helfen, Deinen ganz persönlichen Anti-Prokrastinations-Plan zu entwickeln.

Aber jetzt erstmal eine kurze Pause. Du hast schließlich gerade ein ganzes Kapitel gelesen! Das verdient definitiv eine Belohnung. Vielleicht einen kurzen Blick auf Instagram? Oder eine kleine YouTube-Session? Nur ein Video... oder zwei...

HALT! Erwischt. Siehst Du, wie tief die Prokrastination in unserem Verhalten verwurzelt ist? Lass uns weitermachen – die sozialen Medien laufen nicht weg (leider).

Warum unser Gehirn "Später" liebt und "Jetzt" hasst

Unser Gehirn ist ein faszinierendes Organ. Es kann komplexe mathematische Gleichungen lösen, Symphonieorchester dirigieren und die Geheimnisse des Universums entschlüsseln. Aber wenn es darum geht, die Steuererklärung pünktlich einzureichen? Plötzlich verhält es sich wie ein bockiges Kleinkind im Supermarkt.

Der Grund dafür liegt tief in unserer neurologischen Verdrahtung. Unser Gehirn besteht aus verschiedenen Teilen, die nicht immer harmonisch zusammenarbeiten. Da ist zum einen das limbische System – der primitive, emotionale Teil unseres Gehirns, der sofortige Befriedigung sucht. Dieser Teil ist wie ein dreijähriges Kind, das ständig nach Süßigkeiten schreit.

Auf der anderen Seite haben wir den präfrontalen Kortex, unser "erwachsenes Gehirn". Dieser Teil ist für die Planung, logisches Denken und Impulskontrolle zuständig. Er weiß, dass es besser wäre, jetzt mit dem Projekt anzufangen, statt eine weitere Staffel irgendeiner Serie zu bringen.

Das Problem? Der präfrontale Kortex entwickelte sich evolutionär später als das limbische System. Er ist der Neuling auf dem Block und hat im internen Machtkampf oft das Nachsehen. Wenn Dein limbisches System nach sofortiger Belohnung schreit, hat Dein präfrontaler Kortex einen schweren Stand.

Zusätzlich neigt unser Gehirn zu einem Phänomen namens "zeitliche Diskontierung". Wir bewerten sofortige Belohnungen viel höher als Zukünftige – selbst wenn die zukünftigen objektiv besser sind. Ein klassisches Beispiel: Die meisten Menschen würden lieber heute 100 Euro bekommen als in einem Monat 120 Euro.

Übertragen auf Prokrastination heißt das: Die sofortige Belohnung (Netflix, Social Media, ein Nickerchen) erscheint uns wertvoller als der zukünftige Nutzen (eine fristgerecht abgegebene Arbeit, beruflicher Erfolg, weniger Stress).

Es geht aber noch tiefer. Unser Gehirn ist zudem darauf programmiert, Anstrengung und potenzielle Bedrohungen zu vermeiden. Aus evolutionärer Sicht ist das sinnvoll – Energiesparen konnte überlebenswichtig sein. Das Problem: Unser Gehirn kategorisiert unangenehme oder herausfordernde Aufgaben als "Bedrohungen", selbst wenn sie es objektiv nicht sind. Ein schwieriges Gespräch, eine komplexe Aufgabe oder das bloße Beginnen eines großen Projekts – all das triggert unsere innere Fluchtreaktion.

Dazu kommt die "Konstruktionsdistanz" – je weiter entfernt ein Ereignis in der Zukunft liegt, desto abstrakter nehmen wir es wahr. Eine Deadline in drei Wochen? Das ist ein Problem für "Future-You", nicht für "Present-You". Erst wenn die Deadline näher rückt, wird sie real und bedrohlich – und plötzlich hat "Present-You" ein echtes Problem.

Die gute Nachricht in all dem? Wenn Du verstehst, wie Dein Gehirn Dich sabotiert, kannst Du Gegenstrategien entwickeln. Du kannst lernen, Deinen präfrontalen Kortex zu stärken und Dein limbisches System auszutricksen. Und genau darum geht es in diesem Buch.

Der Dopamin-Junkie in Dir

Kennst Du das? Du hast eine wichtige Aufgabe zu erledigen, aber Dein Gehirn schiebt Dich sanft, aber bestimmt in Richtung Instagram. Oder YouTube. Oder den Kühlschrank. Was da passiert, hat einen Namen: Dopamin-Junkietum.

Dopamin, oft als "Glückshormon" bezeichnet (obwohl das nicht ganz stimmt), ist ein Neurotransmitter, der bei Belohnungen und antizipierter Belohnung ausgeschüttet wird. Es ist weniger das "Freude-Molekül" als vielmehr das "Ich-will-mehr-davon-Molekül". Und hier beginnt das Problem für Prokrastinierer.

Die sozialen Medien, Videospiele, Serien und andere typische Prokrastinationsaktivitäten sind wahre Dopamin-Fabriken. Sie liefern schnelle, leicht verdauliche Dopamin-Hits, während die Arbeitsaufgabe, die Du eigentlich erledigen solltest, bestenfalls eine verzögerte, abstrakte Belohnung verspricht.

Es ist, als müsstest Du Dich zwischen zwei Restaurants entscheiden:

- Restaurant A: Sofortige Bedienung, leckeres Essen, günstig
- Restaurant B: 2 Stunden Wartezeit, das Essen könnte gut sein (oder auch nicht), teuer

Die Wahl scheint einfach, oder? Genauso entscheidet auch Dein Gehirn zwischen:

- Sofortiger Dopamin-Hit durch TikTok-Scrollen
- Verzögerter, unsicherer Dopamin-Hit durch Arbeiten an einem Projekt

Hinzu kommt, dass unser Gehirn auf Neuigkeit programmiert ist. Neue Informationen, neue Bilder, neue Stimuli – all das löst Dopamin-Ausschüttungen aus. Der endlose Feed der sozialen Medien ist perfekt darauf ausgerichtet, dieses Verlangen zu bedienen. Jeder Scroll bringt etwas Neues, unvorhersehbares – und unser Gehirn liebt das.

Die Tech-Industrie weiß das und hat ihre Produkte entsprechend optimiert. Die "Pull-to-refresh"-Funktion funktioniert wie ein

Spielautomat – manchmal bekommst Du etwas Interessantes, manchmal nicht, aber die Unvorhersehbarkeit hält Dich bei der Stange. Es ist kein Zufall, dass die Gründer von Social-Media-Plattformen oft Experten in Verhaltenspsychologie konsultieren.

Was bedeutet das für Dich als Prokrastinierer? Du bist im Grunde ein Dopamin-Junkie, der ständig auf der Suche nach dem nächsten schnellen Hit ist. Die gute Nachricht: Wie bei jeder Sucht gibt es Wege, sie zu überwinden.

Eine Strategie ist, Dein Belohnungssystem neu zu programmieren. Wenn Du es schaffst, auch bei der produktiven Arbeit Dopamin-Hits einzubauen (durch kleine Meilensteine, Selbstlob, oder ein Belohnungssystem), kann Dein Gehirn lernen, auch diese Aktivitäten als lohnend anzusehen.

Eine andere Methode ist die bewusste Dopamin-Reduktion. Wenn Du die ständigen Hits von Social Media, Gaming etc. reduzierst, wird Dein Dopamin-System weniger überreizt und kann auch auf subtilere Belohnungen wieder anspringen.

Im Laufe dieses Buches wirst Du lernen, wie Du mit dem Dopamin-Junkie in Dir umgehen kannst, ohne auf ein erfülltes und produktives Leben verzichten zu müssen. Denn am Ende geht es nicht darum, nie wieder Spaß zu haben – sondern darum, den richtigen Zeitpunkt dafür zu finden.

Die innere Stimme, die flüstert: "Noch fünf Minuten..."

Wir alle kennen sie – diese leise, aber unglaublich überzeugende Stimme in unserem Kopf: "Noch fünf Minuten, dann fange ich an." Das Perfide daran? Aus fünf Minuten werden zehn, dann eine Stunde, dann ein ganzer Tag. Und jedes Mal fällt es uns aufs Neue darauf herein.

Diese innere Stimme ist nicht nur eine Laune – sie ist ein mächtiger psychologischer Mechanismus namens "innerer Dialog" oder "Selbstgespräch". Psychologen wissen: Wie wir mit uns selbst sprechen, hat enormen Einfluss auf unser Verhalten und unsere Emotionen.

Die "Noch-fünf-Minuten"-Stimme ist besonders tückisch, weil sie so vernünftig klingt. Sie verspricht keine dauerhafte Vermeidung der Aufgabe (was offensichtlich unvernünftig wäre), sondern nur einen kurzen, scheinbar harmlosen Aufschub. Sie ist der Meister der Verhandlung:

"Du hattest einen anstrengenden Tag, Du hast eine Pause verdient." "Du wirst produktiver sein, wenn Du ausgeruht bist." "Morgen früh hast Du einen klareren Kopf dafür." "Es ist schon spät, jetzt lohnt es sich nicht mehr anzufangen." "Erst mal aufräumen, dann kann ich besser arbeiten."

Diese Stimme ist ein Meister der Rationalisierung – der Fähigkeit, irrationales Verhalten mit scheinbar logischen Gründen zu rechtfertigen. Und das Schlimmste daran? Oft glauben wir ihr, weil diese Ausreden ein Körnchen Wahrheit enthalten.

Tatsächlich ist Deine innere Prokrastinations-Stimme wie ein cleverer Anwalt, der einen schuldig Angeklagten verteidigt. Sie wird alles tun – alles! –, um Dich vom Anfangen abzuhalten. Warum? Weil Anfangen mit Unbehagen verbunden ist. Es bedeutet, die Komfortzone zu verlassen. Und für Deinen Organismus ist die Komfortzone – evolutionär gesehen – ein sicherer Ort.

Besonders interessant: Diese innere Stimme wird lauter und überzeugender, je näher Du daran bist, tatsächlich anzufangen. Hast Du je bemerkt, dass die besten Ausreden genau dann auftauchen, wenn Du Dich an den Schreibtisch setzt? Das ist kein Zufall.

Die gute Nachricht: Du kannst lernen, dieser Stimme zu widerstehen und sogar mit ihr zu verhandeln. Du kannst einen neuen inneren Dialog entwickeln, der Prokrastination nicht unterstützt, sondern bekämpft. Statt "Noch fünf Minuten" könnte dieser neue Dialog sagen: "Ich mache nur fünf Minuten, dann darf ich aufhören, wenn ich will."

Ein weiterer Trick: Die Stimme bewusst übertreiben. Wenn Du sie als das erkennst, was sie ist – ein Kind, das keine Hausaufgaben machen will –, verliert sie an Macht. "Oh, schau an, da ist sie wieder, meine Prokrastinations-Stimme. Wie kreativ ihre Ausreden heute sind!"

Oder Du kannst anfangen, mit ihr zu diskutieren: "Ja, ich könnte es auf morgen verschieben. Aber habe ich das nicht gestern auch schon gesagt? Und vorgestern? Wie ist das ausgegangen?"

Im Laufe der Zeit wirst Du merken, dass diese Stimme zwar nie ganz verschwindet, aber Du musst ihr nicht mehr blind folgen. Du hast die Wahl, auf sie zu hören oder nicht – und diese Erkenntnis allein ist schon ein großer Schritt in Richtung Prokrastinationsbekämpfung.

Die Top 10 kreativsten Ausreden aller Zeiten

Ausreden sind die Währung der Prokrastination. Je überzeugender Deine Ausreden, desto länger kannst Du aufschieben, ohne Dich schlecht zu fühlen. Über die Jahre habe ich einige wahre Meisterwerke der Ausredenkunst gehört und – zugegeben – selbst verwendet. Hier sind die Top 10, präsentiert mit einem Augenzwinkern und einer Prise Selbsterkenntnis:

1. Die Inspirations-Ausrede "Ich kann nicht anfangen, weil ich noch nicht inspiriert bin. Kreative Arbeit kann man nicht erzwingen." *Die Wahrheit:* Profis warten nicht auf Inspiration – sie fangen an, und die Inspiration folgt oft der Aktion, nicht umgekehrt.

2. Die Forschungs-Ausrede "Ich muss noch mehr recherchieren, bevor ich beginnen kann." *Die Wahrheit:* Recherche kann endlos weitergehen. Irgendwann musst Du mit dem arbeiten, was Du hast.

3. Die Werkzeug-Ausrede "Ich brauche erst die richtige Software/App/das richtige Notizbuch, bevor ich anfangen kann." *Die Wahrheit:* Die alten Meister haben ohne Adobe, Notion oder das neueste MacBook Pro Meisterwerke geschaffen.

4. Die Vorbedürfnis-Ausrede "Ich muss erst meine Emails checken/aufräumen/die Spülmaschine ausräumen, bevor ich anfangen kann." *Die Wahrheit:* Es wird immer etwas geben, das Du vorher erledigen "musst".

5. Die Gesundheits-Ausrede "Ich sollte erst etwas essen/schlafen/Sport machen, damit ich produktiver bin." *Die Wahrheit:* Selbstfürsorge ist wichtig, aber nicht, wenn sie als ständige Ausrede dient.

6. Die Zeitblock-Ausrede "Es lohnt sich nicht, jetzt anzufangen. Ich brauche mindestens zwei freie Stunden am Stück." *Die Wahrheit:* Viele große Projekte wurden in 15-Minuten-Häppchen fertiggestellt.

7. Die Qualitäts-Ausrede "Wenn ich es jetzt mache, wird es nicht gut. Besser, ich warte, bis ich es richtig machen kann." *Die Wahrheit:* Erste Versionen sind fast immer verbesserungswürdig. Perfektion entsteht durch Iteration.

8. Die Zeitpunkt-Ausrede "Morgen/Montag/nach dem Urlaub ist ein viel besserer Zeitpunkt zum Anfangen." *Die Wahrheit:* Der beste Zeitpunkt ist fast immer jetzt. Der "perfekte Startmoment" ist eine Illusion.

9. Die Stimmungs-Ausrede "Ich bin heute nicht in der richtigen Stimmung dafür." *Die Wahrheit:* Stimmungen ändern sich oft durch Aktivität. Erst tun, dann fühlen – nicht umgekehrt.

10. Die Multitasking-Ausrede "Ich schaue nur kurz YouTube/checke Instagram, während ich arbeite – das hilft mir, fokussiert zu bleiben." *Die Wahrheit:* Multitasking ist ein Mythos. Dein Gehirn schaltet ständig um und verliert dabei Energie.

Das Interessante an diesen Ausreden ist, dass sie alle einen wahren Kern haben. Ja, Inspiration ist hilfreich. Ja, Vorbereitung ist wichtig. Ja, die richtige Umgebung kann die Produktivität steigern. Aber der Trick der Prokrastination besteht darin, diese Halbwahrheiten zu absoluten Wahrheiten aufzublasen und sie als unüberwindbare Hindernisse darzustellen.

Die Realität sieht anders aus: Keine dieser Bedingungen muss perfekt erfüllt sein, um anzufangen. Professionelle Schriftsteller schreiben auch an Tagen, an denen sie sich nicht inspiriert fühlen. Sportler trainieren auch, wenn sie keine Lust haben. Erfolgreiche

Menschen erledigen wichtige Aufgaben auch unter suboptimalen Bedingungen.

Die nächste Frage ist also: Wie erkennst Du, wann eine Überlegung eine legitime Sorge und wann sie eine Ausrede ist? Ein guter Indikator: Wenn Du dieselbe "Bedingung" wiederholt als Grund nennst, nicht anzufangen, handelt es sich wahrscheinlich um eine Ausrede.

Wie Du aus jeder Situation eine "absolute Ausnahme" machst

Eine der erstaunlichsten Fähigkeiten chronischer Prokrastinierer ist es, jede Situation als Sonderfall zu deklarieren. "Normalerweise würde ich ja sofort anfangen, ABER..."

Dieser "Aber"-Mechanismus ist so mächtig, dass er selbst die stärksten Vorsätze aushebeln kann. Hier ist, wie wir es anstellen, aus dem Gewöhnlichen das Außergewöhnliche zu machen:

Der "Ich habe heute schon so viel geschafft"-Sonderfall Kennst Du das? Du hast drei Emails beantwortet und den Geschirrspüler ausgeräumt, also hast Du Dir definitiv eine dreistündige Pause verdient. Schließlich warst Du schon so produktiv! Die mentale Buchhaltung eines Prokrastinierers ist beeindruckend kreativ – kleine Aufgaben werden zu Heldentaten aufgeblasen.

Der "Diese Woche ist sowieso chaotisch"-Sonderfall "Diese Woche ist anders – nächste Woche wird alles besser." Spoiler: Nächste Woche wird genauso chaotisch sein. Das Leben ist chaotisch. Wenn Du darauf wartest, dass die perfekte, stressfreie Woche kommt, kannst Du gleich auf Einhorn-Sichtungen warten.

Der "Ich bin heute besonders müde"-Sonderfall Interessanterweise bist Du nie zu müde für Netflix oder Social Media, nur für die wichtigen Aufgaben. Diese selektive Erschöpfung ist ein faszinierendes Phänomen.

Der "Heute ist ein besonderer Tag"-Sonderfall "Es ist Montag/Freitag/mein Halbgeburtstag – heute gelten andere Regeln." Mit dieser Logik bleiben etwa 365 Sondertage pro Jahr übrig.

Der "Nach diesem wichtigen Ereignis"-Sonderfall "Nach der Hochzeit/dem Umzug/den Ferien werde ich ein neues Leben beginnen." Als ob große Lebensereignisse magische Portale zu besseren Gewohnheiten öffnen würden.

Die Kunst, aus dem Alltäglichen das Außergewöhnliche zu machen, liegt in unserer Fähigkeit zur kreativen Interpretation der Realität. Wir alle haben diese "Aber"-Momente – und es ist wichtig, sie als das zu erkennen, was sie sind: ausgeklügelte Konstrukte unseres Vermeidungsverhaltens.

Die Wahrheit ist: Es gibt fast nie wirklich außergewöhnliche Umstände. Es gibt nur gewöhnliche Umstände, die wir zu außergewöhnlichen aufbauschen, um unser Aufschieben zu rechtfertigen. Die beste Strategie gegen dieses Denkmuster ist, es zu erkennen und zu hinterfragen:

"Ist die Situation wirklich so außergewöhnlich, wie ich glaube?" "Würde ich diese Ausrede auch akzeptieren, wenn mir jemand anderes sie präsentieren würde?" "Wenn ich ehrlich bin – habe ich diese oder eine ähnliche Ausrede schon öfter benutzt?"

Wenn Du beginnst, Deine Ausreden auf diese Weise zu hinterfragen, wirst Du feststellen, dass die meisten von ihnen der kritischen Betrachtung nicht standhalten. Und das ist der erste Schritt, um sie zu überwinden.

Der Ausreden-Generator für alle Lebenslagen

Manchmal gehen uns die Ausreden aus. Für diese Notfälle stelle ich Dir meinen patentierten Ausreden-Generator vor – ein Tool, das Dir in jeder Situation die perfekte Ausrede liefert. (Warnung: Dieses Tool ist mit Sarkasmus angereichert. Nebenwirkungen können Selbsterkenntnis und unfreiwillige Produktivität sein.)

So funktioniert der Generator: Wähle je eine Option aus Spalte A, B und C:

Spalte A (Zeitfaktor)

1. Jetzt
2. Heute
3. Diese Woche
4. In diesem Monat
5. In dieser Lebensphase

Spalte B (Persönlicher Zustand)

1. bin ich zu müde
2. fehlt mir die Inspiration
3. bin ich nicht in der richtigen Stimmung
4. habe ich zu viel Stress
5. brauche ich eine Pause

Spalte C (Bessere Alternative)

1. deshalb schaue ich erst noch eine Folge
2. daher sollte ich zuerst meinen Feed checken
3. also organisiere ich lieber meine Schubladen
4. darum muss ich erst noch recherchieren
5. also warte ich lieber auf den richtigen Moment

Beispiel: "In dieser Lebensphase (A5) fehlt mir die Inspiration (B2), also organisiere ich lieber meine Schubladen (C3)."

Voilà! Eine maßgeschneiderte Ausrede für jede Lebenslage. Mit 125 möglichen Kombinationen bist Du für Jahre mit frischen Ausreden versorgt.

Spaß beiseite – der Punkt dieser Übung ist, die Absurdität und Vorhersehbarkeit unserer Ausreden zu erkennen. Wenn Du merkst, dass Deine Ausreden einem Muster folgen, verlieren sie einen Teil ihrer Macht. Sie werden von "überzeugenden Argumenten" zu "den üblichen Verdächtigen" degradiert.

Ein weiterer Trick: Halte ein "Ausreden-Tagebuch". Jedes Mal, wenn Du Dich dabei ertappst, eine Aufgabe aufzuschieben, notiere die Ausrede, die Du Dir selbst präsentierst. Nach einer Woche wirst Du wahrscheinlich Muster erkennen – und vielleicht auch die eine oder andere kreative Meisterleistung, über die Du lachen kannst.

Humor ist tatsächlich ein mächtiges Werkzeug gegen Prokrastination. Wenn Du über Deine Ausreden lachen kannst, anstatt sie ernst zu nehmen, hebst Du sie aus ihrer Funktion. Sie sind keine gültigen Gründe mehr, sondern unterhaltsame Geschichten, die Du Dir selbst erzählst.

Also, das nächste Mal, wenn Du merkst, dass Du eine Ausrede formulierst, halte inne und frage Dich: Ist das eine legitime Begründung oder ist es Zeit, den Ausreden-Generator zur Ruhe zu schicken und endlich anzufangen?

Social Media: Dein liebster Produktivitäts-Killer

Stell Dir vor, es gäbe eine Maschine, die speziell dafür entwickelt wurde, Dich von Deiner Arbeit abzuhalten. Eine Maschine, die Dein Gehirn mit exakt kalkulierten Dopamin-Stößen bombardiert, die Deine Aufmerksamkeit in Sekundenschnelle umleitet und Dich in einen Zustand versetzt, in dem Stunden wie Minuten vergehen. Eine Maschine, die von Tausenden brillanter Ingenieure ständig optimiert wird, mit dem einzigen Ziel, Dich so lange wie möglich zu beschäftigen.

Diese Maschine existiert. Sie steckt in Deiner Tasche. Es ist Dein Smartphone, und die Apps darauf – insbesondere Social Media – sind die raffiniertesten Prokrastinations-Werkzeuge, die je erfunden wurden.

Lass uns ehrlich sein: Die sozialen Medien sind nicht "schlecht". Sie können informativ, unterhaltsam und verbindend sein. Das Problem liegt nicht in ihrer Existenz, sondern in ihrem Design – sie sind konzipiert, um süchtig zu machen.

Hier sind einige ihrer cleversten Tricks:

Der endlose Scroll Früher hatten Medien ein Ende. Selbst das dickste Buch hatte eine letzte Seite. Nicht so bei sozialen Medien. Der endlose Feed ist eine der genialsten Erfindungen der Aufmerksamkeitsökonomie – er bietet Dir immer "nur noch einen Post", und noch einen, und noch einen...

Die variable Belohnung Die meisten Posts in Deinem Feed sind mittelmäßig interessant. Aber ab und zu – bam! – kommt etwas wirklich Faszinierendes. Dieses unvorhersehbare Belohnungsmuster ist dasselbe Prinzip, das Spielautomaten so süchtig macht. Dein Gehirn bleibt am Haken, immer in der Hoffnung auf den nächsten Dopamin-Hit.

Das soziale Validierungssystem Likes, Kommentare, Shares – all das spricht unseren tief verwurzelten Wunsch nach sozialer Anerkennung an. Jede Benachrichtigung ist wie ein kleiner sozialer Streicheleinheiten, der uns zurück zur App lockt.

Die Angst, etwas zu verpassen (FOMO) Social Media erzeugt und verstärkt die Angst, etwas Wichtiges zu verpassen. Was, wenn gerade jetzt der witzigste Tweet aller Zeiten gepostet wird? Was, wenn Deine Freunde ohne Dich Pläne schmieden?

Die Pseudo-Produktivität Social Media gibt uns das Gefühl, produktiv zu sein – wir "informieren" uns, "netzwerken" oder "bleiben auf dem Laufenden". In Wirklichkeit konsumieren wir meist passiv Informationen, die wir schnell wieder vergessen.

Besonders tückisch: Dein Gehirn unterscheidet nicht zwischen wichtigen und unwichtigen Informationen, wenn es darum geht, Neugier zu wecken. Ein Promi-Skandal kann die gleiche Aufmerksamkeit erregen wie eine wichtige berufliche E-Mail – oft sogar mehr, weil er emotionaler ist.

Die Zahlen sprechen für sich: Der durchschnittliche Mensch verbringt über zwei Stunden täglich in sozialen Medien. Das sind 14 Stunden pro Woche, 60 Stunden pro Monat, 730 Stunden – oder 30 volle Tage – pro Jahr. Einen ganzen Monat Deines Jahres verbringst Du mit Scrollen, Liken und Kommentieren.

Die Frage ist nicht, ob Social Media Deine Produktivität beeinträchtigt, sondern wie sehr.

Bedeutet das, dass Du alle Social-Media-Apps löschen musst? Nicht unbedingt. Aber Du solltest Dir ihrer Macht bewusst sein und Strategien entwickeln, um sie zu kontrollieren, anstatt von ihnen kontrolliert zu werden:

- Setze Dir feste Zeiten für Social Media (z.B. 15 Minuten nach dem Frühstück, 15 Minuten nach dem Mittagessen).
- Nutze Apps, die Deine Nutzung überwachen und begrenzen.
- Deaktiviere Benachrichtigungen – jede Benachrichtigung ist eine Einladung zur Prokrastination.
- Überlege Dir, ob Du wirklich alle diese Apps brauchst. Vielleicht reicht eine oder zwei?
- Führe regelmäßige "Digital Detox"-Tage ein.

Denk daran: Die Leute, die diese Plattformen entwickelt haben, wissen genau, wie das menschliche Gehirn funktioniert – und sie nutzen dieses Wissen, um Deine Aufmerksamkeit so lange wie möglich zu fesseln. Es ist ein ungleicher Kampf: Du gegen ein Heer von Psychologen, Designern und Algorithmen. Um zu gewinnen, musst Du Dich schlau anstellen.

Die Netflix-Falle: "Nur noch eine Folge" (und 8 Stunden später...)

Wir alle kennen dieses Szenario: Es ist 21 Uhr, Du hast noch ein wichtiges Projekt für morgen zu erledigen, aber Du denkst Dir: "Eine Folge zur Entspannung kann nicht schaden." Der Vorspann läuft, Du tauchst ein in die Geschichte... und plötzlich blinzeln Dich die Worte "Möchtest Du die nächste Folge sehen?" an. Natürlich möchtest Du das! Schließlich musst Du unbedingt wissen, ob der Hauptcharakter überlebt/den Fall löst/die Liebe findet.

Bevor Du Dich versiehst, ist es 3 Uhr morgens, und Du hast gerade eine halbe Staffel verschlungen. Das Projekt? Verschoben auf einen hektischen Morgen voller Stress und Reue.

Streaming-Dienste wie Netflix, Amazon Prime, Disney+ und Co. haben das Fernsehen revolutioniert – und gleichzeitig eine neue Form der Prokrastination geschaffen: den Binge-Watch.

Was macht diese Dienste so gefährlich für unsere Produktivität?

Die Autoplay-Funktion Früher musstest Du Dich aktiv entscheiden, die nächste Folge einzulegen. Heute musst Du Dich aktiv entscheiden, NICHT weiterzuschauen. Das ist ein entscheidender psychologischer Unterschied. Nicht weiterzuschauen erfordert Willenskraft – eine Ressource, die nach einem langen Tag oft erschöpft ist.

Das Cliffhanger-Prinzip Serienautoren wissen, wie man Dich am Haken hält. Jede Folge endet an einem Punkt höchster Spannung – und Dein Gehirn schreit nach Auflösung. Diese "offenen Loops" erzeugen kognitive Spannung, die nur durch Weiterschauen gelöst werden kann.

Die fehlende natürliche Pausenstruktur Das klassische Fernsehen hatte natürliche Pausen – Werbung, feste Sendezeiten. Streaming-Dienste eliminieren diese Barrieren und schaffen ein nahtloses Erlebnis, das es schwer macht, abzubrechen.

Die Eskapismus-Komponente Serien bieten Flucht aus dem Alltag. In einer komplexen Welt mit unangenehmen Aufgaben ist das besonders verlockend. Warum sich mit der Steuererklärung herumschlagen, wenn Du stattdessen in eine Fantasy-Welt abtauchen kannst?

Die Algorithmus-Empfehlungen "Weil Du X geschaut hast, gefällt Dir sicher auch Y." Streaming-Dienste lernen Deine Vorlieben und servieren Dir ständig neuen, maßgeschneiderten Content. Der Strom endet nie.

Das Problem bei Serien im Vergleich zu Social Media: Sie erfordern längere Zeitblöcke. Ein TikTok-Video dauert 15 Sekunden, eine Instagram-Story eine Minute. Eine durchschnittliche Serienfolge verschlingt dagegen 30-60 Minuten. Da summiert sich die verlorene Zeit noch schneller.

Aber keine Sorge – auch hier gibt es Strategien, um die Kontrolle zurückzugewinnen:

- Deaktiviere die Autoplay-Funktion. Ja, das geht in den Einstellungen!
- Setze Dir ein festes Limit: Eine Folge bedeutet EINE Folge. Verwende notfalls einen Timer.
- Plane Deine Serienzeit bewusst ein, statt sie als "spontane Ablenkung" zu nutzen.
- Schaue Serien als Belohnung nach getaner Arbeit, nicht als Vermeidungsstrategie.
- Meide Serien komplett während kritischer Projektphasen.
- Wenn Du merkst, dass eine Serie Dich zu sehr in ihren Bann zieht, mache eine bewusste Pause.

Ein besonders effektiver Trick: Höre mitten in einer Folge auf, nicht zwischen den Folgen. Das mag kontraintuitiv klingen, aber es durchbricht die Cliffhanger-Falle. Wenn Du weißt, wie eine Folge endet, ist der Drang zur nächsten zu springen geringer.

Streaming-Dienste sind wie ein All-you-can-eat-Buffet für Dein Gehirn. Sie sind nicht von Natur aus schlecht – aber ohne Selbstkontrolle können sie zu Zeitfressern werden, die Dich vom

Wesentlichen abhalten. Die Kunst besteht darin, sie bewusst zu genießen, ohne sich von ihnen verschlingen zu lassen.

Denk daran: Die Serie wird auch morgen noch da sein. Deine Deadline dagegen nicht.

Wie Dein Handy Dich manipuliert und was Du dagegen tun kannst

Dein Smartphone ist ein technologisches Wunderwerk – und gleichzeitig Dein größter Produktivitätskiller. Die durchschnittliche Person entsperrt ihr Handy 150-mal am Tag. Bei einer Wachzeit von 16 Stunden bedeutet das: alle 6,4 Minuten. Würdest Du einen Menschen akzeptieren, der Dich alle 6 Minuten antippt und fragt: "Hey, hast Du kurz Zeit für mich?"

Was macht unsere Handys so unwiderstehlich?

Das haptische Erlebnis Die physische Interaktion mit dem Telefon – das Wischen, Tippen, Ziehen – ist befriedigend und schafft eine direkte Verbindung zwischen Aktion und Reaktion.

Der Slot-Maschinen-Effekt Jedes Mal, wenn Du Dein Handy entsperrst, könntest Du eine "Belohnung" finden – eine wichtige Nachricht, ein Like, eine interessante Neuigkeit. Diese unvorhersehbare Belohnungsstruktur ist hochgradig suchterzeugend.

Die Farb- und Soundpsychologie Die Benachrichtigungen Deines Handys sind in auffälligen Farben gestaltet und mit Tönen versehen, die sofortige Aufmerksamkeit erregen. Rot steht im Gehirn für "wichtig" und "dringend" – deshalb sind viele App-Badges rot.

Die ständige Erreichbarkeit Anders als früher der Computer ist Dein Handy immer dabei – in der Hosentasche, auf dem

Nachttisch, neben der Toilette. Die physische Nähe macht es zur ständigen Versuchung.

Der Gewohnheitsaspekt Dein Gehirn hat das Smartphone mit unzähligen Situationen verknüpft: Langeweile, Unsicherheit, Wartezeit, soziale Unbehaglichkeit... Das Handy ist der universelle Lückenfüller geworden.

Die künstliche Dringlichkeit Smartphones schaffen den Eindruck ständiger Dringlichkeit. Jede Benachrichtigung suggeriert: "Das musst Du JETZT sehen!" Die Wahrheit ist: Die meisten Nachrichten können warten.

Die gute Nachricht: Es gibt wirksame Gegenmaßnahmen, die Dein Handy von einem Produktivitätskiller in ein nützliches Werkzeug verwandeln können:

1. Entrümpele Deinen Bildschirm Behalte nur die essenziellen Apps auf Deinem Startbildschirm. Verbanne Social Media und Spiele auf weiter entfernte Screens oder in Ordner. Die zusätzlichen Klicks schaffen eine kleine, aber wirksame Barriere.

2. Geh in Schwarz-Weiß Eine radikale, aber effektive Methode: Stelle Dein Display auf Graustufen um. Ohne die bunten, aufmerksamkeitserregenden Farben verliert das Handy viel von seiner Anziehungskraft.

3. Deaktiviere Benachrichtigungen Schalte alle nicht-essenziellen Benachrichtigungen aus. Muss Dich Dein Handy wirklich informieren, wenn jemand Dein Foto liked? Behalte nur Anrufe, Textnachrichten und wichtige Apps wie E-Mail.

4. Nutze die "Nicht stören"-Funktion Aktiviere den "Nicht stören"-Modus während Arbeitsblöcken, beim Schlafen und in sozialen Situationen. Dein Telefon sollte Dir dienen, nicht umgekehrt.

5. Installiere Nutzungskontroll-Apps Apps wie "Forest", "Freedom" oder "Offtime" können Dir helfen, Deine Handynutzung zu überwachen und einzuschränken.

6. Schafe handyfreie Zonen Erkläre bestimmte Räume oder Zeiten zu handyfreien Zonen: das Schlafzimmer, die Essenszeiten, die ersten und letzten Stunden des Tages.

7. Führe ein physisches Notizbuch Nicht alles muss digital sein. Ein Notizbuch für Gedanken, To-Dos und Ideen kann Dich vom reflexartigen Griff zum Handy abhalten.

8. Verwende einen alten Wecker Wenn Dein Handy Dein Wecker ist, ist es das Erste, was Du morgens siehst – und oft der Start einer Scrolling-Spirale. Ein klassischer Wecker löst dieses Problem.

9. Praktiziere bewusste Handynutzung Frage Dich vor jedem Griff zum Handy: "Warum tue ich das jetzt? Was ist meine Absicht?" Diese kurze Reflexion kann impulsives Verhalten unterbrechen.

10. Halte "Digital Detox"-Tage Gönne Dir regelmäßig einen Tag ohne Smartphone. Die anfängliche Unruhe weicht oft einer überraschenden Klarheit und Präsenz.

Eine besonders wirksame Strategie: Nutze die "Bildschirmzeit"-Funktion Deines Handys, um zu sehen, wie viel Zeit Du mit welchen Apps verbringst. Die Konfrontation mit den tatsächlichen Zahlen kann ein Weckruf sein.

Denk daran: Dein Handy ist ein Werkzeug, kein Meister. Es wurde entwickelt, um Dir zu dienen – nicht um Deine Aufmerksamkeit zu stehlen. Mit bewussten Entscheidungen kannst Du die Balance wiederherstellen und die Kontrolle über Deine digitale Umgebung zurückgewinnen.

Neurobiologie für Aufschieber

Wenn Du denkst, Prokrastination sei nur eine Frage von Faulheit oder mangelnder Disziplin, dann ist es Zeit für einen Ausflug in die Neurobiologie. Was in Deinem Gehirn passiert, wenn Du aufschiebst, ist faszinierend – und das Wissen darüber kann Dir helfen, bessere Strategien zu entwickeln.

Dein Gehirn ist keine einheitliche Entscheidungszentrale, sondern ein Zusammenspiel verschiedener Systeme mit unterschiedlichen "Interessen":

Der präfrontale Kortex: Dein innerer Planer Dieser vordere Teil Deines Gehirns ist zuständig für Executive Funktionen – komplexe Denkprozesse wie Planung, Impulskontrolle und Fokussierung. Er ist Dein "erwachsenes Gehirn". Wenn Du Dir vornimmst, morgen früh an Deiner Präsentation zu arbeiten, ist das Dein präfrontaler Kortex in Aktion.

Das limbische System: Dein emotionales Zentrum Dieses tieferliegende System ist verantwortlich für emotionale Reaktionen, Belohnungsverarbeitung und instinktives Verhalten. Es priorisiert sofortige Befriedigung über langfristige Ziele. Wenn Du die Präsentation verschiebst, um stattdessen YouTube-Videos zu schauen, hat Dein limbisches System die Oberhand gewonnen.

Was bei der Prokrastination passiert, ist im Wesentlichen ein Machtkampf zwischen diesen beiden Systemen. Dabei hat das limbische System einige unfaire Vorteile:

1. Es ist evolutionär älter und tiefer verankert
2. Es reagiert schneller und emotionaler

3. Es gewinnt besonders leicht, wenn Du müde, gestresst oder emotional aufgewühlt bist

Bildgebende Verfahren zeigen: Bei chronischen Prokrastinierern gibt es tatsächlich messbare Unterschiede in der Gehirnaktivität. Sie zeigen typischerweise:

- Eine verstärkte Aktivität in der Amygdala (Teil des limbischen Systems) bei der Konfrontation mit unangenehmen Aufgaben
- Eine verminderte Konnektivität zwischen präfrontalem Kortex und limbischem System
- Ein überaktives "Default Mode Network" – der Teil des Gehirns, der bei Tagträumen und Abschweifen aktiv ist

Ein weiterer wichtiger Faktor ist die Neurotransmitter-Balance in Deinem Gehirn:

Dopamin: Der Motivationstreibstoff Entgegen der landläufigen Meinung ist Dopamin nicht direkt das "Glückshormon", sondern eher der "Motivationstreibstoff". Es wird ausgeschüttet, wenn wir Belohnungen erwarten, und treibt uns an, diese zu verfolgen. Social Media, Spiele und andere typische Prokrastinationsaktivitäten lösen zuverlässige Dopamin-Ausschüttungen aus – oft stärker als produktive Tätigkeiten.

Serotonin: Der Stimmungsstabilisator Dieser Neurotransmitter beeinflusst Stimmung, Selbstkontrolle und Impulsivität. Niedrige Serotoninspiegel können zu erhöhter Impulsivität führen – und damit zu mehr Prokrastination.

Noradrenalin: Der Aufmerksamkeitsmodulator Dieses Stresshormon hilft uns, fokussiert zu bleiben. Zu wenig davon kann zu Ablenkbarkeit führen, zu viel zu Angstzuständen – beides begünstigt Prokrastination.

Aber es gibt gute Nachrichten! Dein Gehirn ist formbar (Neuroplastizität). Mit den richtigen Techniken kannst Du Deine neuronalen Bahnen umtrainieren:

1. **Meditation und Achtsamkeit stärken nachweislich den präfrontalen Kortex**. Regelmäßige Meditationspraxis kann die Impulskontrolle verbessern und die Verbindung zwischen präfrontalem Kortex und limbischem System stärken.
2. **Körperliche Aktivität** erhöht die Durchblutung des Gehirns, verbessert die neuronale Konnektivität und reguliert Neurotransmitter. Schon 20 Minuten moderates Training können die exekutiven Funktionen vorübergehend verbessern.
3. **Ausreichend Schlaf** ist entscheidend für die Funktion des präfrontalen Kortex. Schlafmangel schwächt ihn signifikant und stärkt damit das limbische System – ein perfektes Rezept für Prokrastination.
4. **Die 5-Minuten-Regel** (auf die wir später noch ausführlicher eingehen werden) nutzt ein neurowissenschaftliches Prinzip: Sobald Du anfängst, übernimmt ein anderer Teil Deines Gehirns – der sogenannte "Task-Positive Network" – und Dein Gehirn beginnt, die Aufgabe als weniger bedrohlich wahrzunehmen.
5. **Implementierungsabsichten** ("Wenn X eintritt, dann mache ich Y") schaffen vorprogrammierte neuronale Reaktionsmuster, die weniger vom präfrontalen Kortex abhängen und daher weniger anfällig für Prokrastination sind.

Eine besonders wirksame Strategie aus der Neuroforschung ist die "Temptation Bundling" (Versuchungsbündelung): Verknüpfe eine Tätigkeit, die Du aufschiebst, mit etwas, das Du genießt. Beispiel: "Ich darf meinen Lieblingspodcast nur hören, während ich jogge." Diese Methode koppelt die Dopamin-Ausschüttung der angenehmen Aktivität mit der produktiven Aufgabe.

Verstehe: Deine Prokrastination ist nicht (nur) eine Charakterschwäche – sie ist ein komplexes neurobiologisches Phänomen. Dieses Wissen kann Dich von Selbstvorwürfen befreien und Dir helfen, effektivere Strategien zu entwickeln, die mit der Funktionsweise Deines Gehirns arbeiten, anstatt gegen sie anzukämpfen.

Warum Willenskraft überbewertet wird

Wenn Du je versucht hast, Deine Prokrastination durch pure Willenskraft zu überwinden, kennst Du wahrscheinlich dieses Muster: Am Morgen bist Du entschlossen, produktiv zu sein. Du setzt Dir ambitionierte Ziele. Vielleicht hältst Du sogar ein paar Stunden durch. Aber gegen Nachmittag beginnt Deine Entschlossenheit zu bröckeln, und am Abend findest Du Dich auf der Couch wieder, scrollend durch Social Media, mit dem nagendem Gefühl, wieder einmal versagt zu haben.

Dieses Phänomen hat einen Namen: Willenskraft-Erschöpfung (oder Ego-Depletion).

Die traditionelle Sicht auf Prokrastination geht von einer einfachen Annahme aus: Wenn Du nur genug Willenskraft hättest, könntest Du alles erledigen. Diese Idee ist tief in unserer Kultur verankert. "Reiß Dich zusammen!" "Sei diszipliniert!" "Zwing Dich dazu!" Diese Ratschläge basieren auf der Vorstellung, dass Willenskraft wie ein Muskel ist, den man trainieren kann.

Aber hier ist die wissenschaftliche Realität: Willenskraft ist eine begrenzte Ressource, die im Laufe des Tages abnimmt. Jede Entscheidung, jede Versuchung, der Du widerstehst, jede emotionale Regulation – all das zehrt an Deinem Willenskraft-Reservoir.

Das erklärt, warum selbst Menschen mit scheinbar eiserner Disziplin abends schwächeln. Der CEO, der morgens um 5 Uhr aufsteht und tagsüber ein Unternehmen leitet, sitzt abends vielleicht doch mit einer Packung Kekse vor dem Fernseher.

Hier sind einige wissenschaftliche Erkenntnisse über Willenskraft, die Dein Verständnis von Prokrastination verändern könnten:

1. **Glukoseverbrauch**: Willenskraft verbraucht tatsächlich Glukose im Gehirn. Studien zeigen, dass schwierige Entscheidungen und Selbstkontrolle den Blutzuckerspiegel senken können.
2. **Erschöpfung durch multiple Entscheidungen**: Je mehr Entscheidungen Du treffen musst, desto schneller erschöpft sich Deine Willenskraft. Dieses Phänomen nennt sich "Decision Fatigue" und erklärt, warum Menschen in Entscheidungspositionen oft in anderen Lebensbereichen nachlässiger werden.
3. **Stressfaktor**: Willenskraft schwindet schneller unter Stress, Schlafmangel oder negativen Emotionen.
4. **Individuelle Unterschiede**: Manche Menschen haben genetisch bedingt ein größeres Willenskraft-Reservoir als andere. Das ist kein Mythos, sondern wissenschaftlich belegt.

Die Erkenntnis, dass Willenskraft begrenzt ist, führt zu einer fundamentalen Schlussfolgerung: Die beste Strategie gegen Prokrastination besteht nicht darin, mehr Willenskraft aufzubauen, sondern weniger davon zu verbrauchen.

Hier einige Ansätze, die weniger auf Willenskraft und mehr auf clevere Systeme setzen:

1. Umgebungsdesign statt Selbstkontrolle Anstatt Dich ständig zu zwingen, nicht abgelenkt zu werden, gestalte Deine Umgebung so, dass Ablenkungen gar nicht erst auftreten. Block-Apps für Websites, ein aufgeräumter Arbeitsplatz und das Smartphone in einem anderen Raum verbrauchen keine Willenskraft.

2. Routinen statt Entscheidungen Jede Entscheidung kostet Willenskraft. Wenn Du bestimmte Produktivitätsblöcke zur Routine machst ("Montag bis Freitag, 9-11 Uhr ist Schreibzeit"), eliminierst Du die Entscheidung und sparst Willenskraft.

3. Implementation Intentions statt vager Vorsätze "Wenn Situation X eintritt, dann mache ich Y" ist viel effektiver als "Ich sollte mehr Y machen". Diese vorprogrammierten Wenn-Dann-Pläne umgehen den Willenskraft-Verbrauch.

4. Temptation Bundling statt Selbstüberwindung Verknüpfe eine Aufgabe, die Du aufschiebst, mit etwas, das Du genießt. Beispiel: "Ich schaue meine Lieblingsserie nur, während ich auf dem Heimtrainer sitze."

5. Mini-Gewohnheiten statt großer Vorsätze Statt "Ich schreibe jeden Tag zwei Stunden an meinem Buch" versuche "Ich schreibe jeden Tag einen Satz". Die Einstiegshürde ist so niedrig, dass Du kaum Willenskraft brauchst – und oft machst Du dann doch mehr.

6. Sozialer Druck statt Selbstdisziplin Mache Dich öffentlich rechenschaftspflichtig. Ein Trainingspartner, eine Wette mit Freunden oder eine verbindliche Deadline mit Konsequenzen nutzen soziale Mechanismen statt Willenskraft.

7. Energiemanagement statt Zeitmanagement Plane anspruchsvolle Aufgaben für Zeiten, in denen Deine Energie natürlich hoch ist. Du verbrauchst weniger Willenskraft, wenn Du mit Deinem Biorhythmus arbeitest, nicht gegen ihn.

Der zentrale Punkt: Es geht nicht darum, "stärker" zu sein als Deine Prokrastination, sondern schlauer. Die erfolgreichsten Produktivitätsstrategien sind jene, die Deine begrenzten Willenskraft-Reserven schonen, nicht die, die sie erschöpfen.

Denk an die Worte des Produktivitätsexperten James Clear: "Du brauchst keine Motivation zum Zähneputzen. Das machst Du einfach. Keine Motivation, sondern ein System." Dasselbe Prinzip gilt für die Überwindung von Prokrastination: Schaffe Systeme, die funktionieren, auch wenn Deine Willenskraft erschöpft ist.

Die "Eat That Frog"-Methode (ohne echte Frösche zu verspeisen)

Eine der bekanntesten Prokrastinationsbekämpfungs-Methoden hat einen ziemlich unappetitlichen Namen: "Eat That Frog". Keine Sorge – es geht hier nicht um französische Küche, sondern um eine Metapher, die auf Mark Twain zurückgeht:

"Wenn Du am Morgen einen lebenden Frosch essen musst, sei froh, dass es der schlimmste Teil Deines Tages ist."

Brian Tracy, der diese Methode populär gemacht hat, übertrug dieses Bild auf Produktivität: Dein "Frosch" ist die größte, wichtigste und wahrscheinlich unangenehmste Aufgabe des Tages – diejenige, die Du am ehesten aufschieben würdest, die aber den größten positiven Einfluss auf Dein Leben oder Deine Karriere haben könnte.

Die Grundidee ist einfach: Identifiziere Deinen Frosch und iss ihn zuerst – bevor Du irgendetwas anderes tust. Keine E-Mails checken, kein Social Media, keine "schnellen" Aufgaben. Direkt zum Frosch!

Warum die Methode funktioniert:

1. **Du nutzt Dein tägliches Willenskraft-Maximum** Willenskraft ist morgens am höchsten. Wenn Du Deinen Frosch gleich zu Beginn isst, verwendest Du diese wertvolle Ressource für das Wichtigste.

2. **Du vermeidest den psychologischen Druck** Der unerledigte Frosch sitzt den ganzen Tag auf Deiner Schulter und flüstert unangenehme Dinge in Dein Ohr. Durch frühes Erledigen vermeidest Du diesen mentalen Ballast.
3. **Du erlebst frühen Erfolg** Das Erledigen der wichtigsten Aufgabe gibt Dir einen Motivationsschub, der den restlichen Tag positiv beeinflusst.
4. **Du schiebst die Aufgabe nicht auf "später"** "Später" wird schnell zu "morgen", und "morgen" zu "nächste Woche". Durch sofortiges Handeln durchbrichst Du diesen Kreislauf.

Wie Du Deinen Frosch richtig isst:

Schritt 1: Identifiziere Deinen Frosch Welche Aufgabe ist am wichtigsten für Dein langfristiges Ziel? Welche würdest Du am liebsten aufschieben? Welche würde den größten positiven Unterschied machen, wenn Du sie erledigst? Das ist Dein Frosch.

Schritt 2: Bereite ihn am Vorabend vor Lege alles bereit, was Du zum "Froschessen" brauchst. Materialien, Informationen, Tools – alles sollte startbereit sein.

Schritt 3: Eliminiere Ablenkungen Schalte Benachrichtigungen aus, informiere Kollegen/Familie, dass Du nicht gestört werden möchtest, bereite Deinen Arbeitsplatz vor.

Schritt 4: Iss den Frosch direkt nach dem Aufstehen Bevor Du E-Mails checkst, Nachrichten liest oder irgendetwas anderes tust – widme Dich Deinem Frosch. Tipp: Kombiniere es mit der 5-Minuten-Regel ("Ich arbeite nur 5 Minuten daran").

Schritt 5: Feiere Deinen Erfolg Nimm Dir bewusst einen Moment, um Deinen Erfolg zu würdigen. Das festigt die positive Gewohnheit.

Typische Einwände und Lösungen:

"Ich bin kein Morgenmensch!" Du musst die Methode nicht zwingend morgens anwenden. Der Kerngedanke ist: Erledige die wichtigste Aufgabe zuerst – zu welcher Tageszeit Du am leistungsfähigsten bist.

"Ich habe mehrere wichtige Aufgaben!" Tracy hat auch dafür eine Lösung: "Wenn Du zwei Frösche essen musst, iss zuerst den hässlicheren." Anders ausgedrückt: Wenn Du mehrere wichtige Aufgaben hast, beginne mit der unangenehmsten.

"Meine Arbeit erfordert, dass ich zuerst E-Mails checke!" Vielleicht kannst Du einen Kompromiss finden – 10 Minuten für dringende E-Mails, dann Froschzeit. Oder vereinbare mit Kollegen, dass sie Dich bei echten Notfällen anrufen.

"Ich gerate unter Druck, wenn ich sofort mit dem Schwierigsten beginne." Versuche die "Frosch-vorbereiten"-Strategie: Am Vorabend nur den ersten kleinen Schritt der großen Aufgabe planen. Das senkt die mentale Einstiegshürde.

Die "Eat That Frog"-Methode ist nicht für jeden und nicht für jede Situation geeignet. Aber sie demonstriert ein universelles Prinzip: Durch strategisches Priorisieren und das Ausnutzen Deiner besten Energiephasen kannst Du die Prokrastination umgehen.

Und das Beste daran? Das Gefühl, wenn Du mittags die wichtigste Aufgabe des Tages bereits erledigt hast, ist unbezahlbar. Der Rest des Tages fühlt sich wie ein Bonus an – ein Geschenk, das Du Dir selbst gemacht hast, indem Du Deinen Frosch zum Frühstück verspeist hast.

Warum anfangen das halbe Leben ist

"Anfangen ist die Hälfte des Ganzen," sagte einst Aristoteles. Und der alte Grieche hatte mehr Ahnung von Prokrastination, als man vermuten würde. Denn wenn wir ehrlich sind: Das größte Hindernis bei fast jeder Aufgabe ist nicht die Durchführung, sondern der Start.

Der Anfang einer Tätigkeit ist wie der Moment, bevor Du ins kalte Wasser springst. Du stehst am Beckenrand, zögerst, spielst verschiedene Szenarien durch: "Wird es wirklich so kalt sein? Sollte ich vielleicht später springen? Vielleicht wäre ein heißer Tee jetzt besser?" Je länger Du zögerst, desto überzeugender werden diese Gedanken.

Aber sobald Du im Wasser bist – sobald Du angefangen hast – verschwindet der innere Widerstand oft wie durch Zauberhand. Das Gehirn schaltet vom "Vermeidungsmodus" in den "Handlungsmodus". Und plötzlich fragst Du Dich: "Warum habe ich so lange gezögert?"

Dieses Phänomen hat mehrere psychologische Gründe:

1. Die Überwindung der Trägheit Newtons erstes Bewegungsgesetz gilt auch für menschliches Verhalten: Ein Körper in Ruhe bleibt in Ruhe, ein Körper in Bewegung bleibt in Bewegung. Der Übergang vom Ruhe- in den Bewegungszustand erfordert die meiste Energie.

2. Die Aktivierung des aufgabenpositiven Netzwerks Neurowissenschaftlich betrachtet schaltet Dein Gehirn beim Arbeitsbeginn vom "Default Mode Network" (Tagträumen, Grübeln) zum "Task-

Positive Network" (fokussiertes Arbeiten) um. Dieser Wechsel braucht einen Anstoß.

3. Die Kalibrierung der Erwartungen Vor dem Beginn stellen wir uns Aufgaben oft schwieriger vor, als sie tatsächlich sind. Unsere Angst baut sie zu Monstern auf. Sobald wir beginnen, kalibriert sich unsere Wahrnehmung der Schwierigkeit – meist nach unten.

4. Die Reduzierung der kognitiven Dissonanz Sobald wir mit einer Aufgabe begonnen haben, entsteht eine kognitive Dissonanz, wenn wir sie nicht fortsetzen. Unser Gehirn mag keine unvollendeten Aufgaben (Zeigarnik-Effekt) und drängt uns subtil, weiterzumachen.

5. Das Momentum-Prinzip Anfangen erzeugt ein psychologisches Momentum – wie ein Schwungrad, das einmal in Bewegung gesetzt, leichter weiterdreht.

Der Schlüssel zur Überwindung von Prokrastination liegt also oft nicht darin, die ganze Aufgabe zu bewältigen, sondern nur im Anfangen. Es ist, als würdest Du einen schweren Wagen anschieben – die ersten Meter erfordern die meiste Kraft, danach wird es leichter.

Wie kannst Du dieses Wissen praktisch nutzen?

Die "Nur anfangen"-Strategie: Setze Dir als einziges Ziel, anzufangen. Nicht, die Aufgabe zu beenden oder großartige Ergebnisse zu erzielen – nur anzufangen. Diese mentale Umrahmung senkt die psychologische Einstiegshürde dramatisch.

Der "Erster Absatz"-Trick: Bei Schreibprojekten setze Dir nur das Ziel, den ersten Absatz zu schreiben. Oft wirst Du feststellen, dass Du weiterschreibst, weil die Anfangshürde überwunden ist.

Die "Eine Datei öffnen"-Methode: Bei komplexen Projekten setze Dir nur das Ziel, die relevante Datei oder das Dokument zu öffnen und 30 Sekunden darauf zu schauen. Diese minimalistische Anforderung führt oft dazu, dass Du weitermachst.

Die "Aufwärmübung": Starte mit einer sehr einfachen, verwandten Aufgabe, um in den Flow zu kommen. Ein Programmierer könnte z.B. mit einem simplen "Hello World"-Programm beginnen, bevor er an komplexem Code arbeitet.

Der "Kleinster erster Schritt": Identifiziere den absolut kleinsten ersten Schritt und konzentriere Dich nur darauf. Nicht "Ich schreibe heute meine Masterarbeit", sondern "Ich öffne ein leeres Dokument und schreibe eine Überschrift".

All diese Strategien nutzen denselben psychologischen Hebel: Sie senken die Anfangshürde so weit, dass sie lächerlich leicht zu überwinden ist. Sie erkennen an, dass das größte Hindernis nicht die Aufgabe selbst ist, sondern der Moment des Anfangens.

Denk daran: Du musst nicht motiviert sein, um anzufangen – aber oft wirst Du motiviert, sobald Du angefangen hast. Anfangen ist nicht nur die halbe Arbeit, manchmal ist es der schwierigste Teil überhaupt. Meistere diesen Moment, und Du hast einen Großteil Deiner Prokrastination bereits überwunden.

Die Pomodoro-Technik für Tomaten-Hasser

Die Pomodoro-Technik – benannt nach einer tomatenförmigen Küchenuhr – ist eine der bekanntesten Produktivitätsmethoden der Welt. Entwickelt in den 1980er Jahren von Francesco Cirillo, hat sie einen fast kultischen Status unter Produktivitätsexperten erlangt. Aber keine Sorge, Du musst keine Tomaten mögen, um davon zu profitieren.

Das Grundprinzip ist denkbar einfach:

1. Stelle einen Timer auf 25 Minuten (ein "Pomodoro")
2. Arbeite fokussiert bis der Timer klingelt
3. Mache eine kurze Pause (5 Minuten)
4. Nach vier Pomodori mache eine längere Pause (15-30 Minuten)
5. Wiederhole

Diese scheinbar simple Methode hat erstaunliche Effekte auf die Prokrastination. Warum?

1. Sie nutzt die Psychologie des Anfangens Wie wir im letzten Abschnitt gelernt haben, ist Anfangen das größte Hindernis. "25 Minuten Arbeit" klingt viel weniger bedrohlich als "Ich muss diese ganze Aufgabe erledigen".

2. Sie macht die Zeit greifbar Prokrastinierer haben oft ein diffuses Verhältnis zur Zeit. Die Methode schafft klare, überschaubare Zeiteinheiten, die leichter zu managen sind als der abstrakte Begriff "Ich sollte daran arbeiten".

3. Sie eliminiert die "Nur-noch-kurz"-Falle Durch die strikte Trennung von Arbeits- und Pausenzeit wird die typische Prokrastinations-Schleife ("Ich check nur kurz Instagram") unterbrochen.

4. Sie nutzt den Parkinson'schen Effekt Parkinsons Gesetz besagt, dass sich Arbeit auf die verfügbare Zeit ausdehnt. Mit einer zeitlichen Begrenzung tendieren wir dazu, effizienter zu arbeiten.

5. Sie macht Fortschritte sichtbar Jedes abgeschlossene Pomodoro ist ein kleiner Sieg, der dokumentiert werden kann. Diese visuellen Erfolge sind motivierend.

6. Sie respektiert die Grenzen der Konzentration Unser Gehirn kann sich nicht endlos fokussieren. Die regelmäßigen Pausen verhindern mentale Erschöpfung und halten die Produktivität hoch.

Pomodoro für Prokrastinations-Profis: Erweiterte Techniken

Die Grundmethode ist großartig, aber hier sind einige Anpassungen für chronische Aufschieber:

Der Mini-Pomodoro: Finde 25 Minuten zu lang? Starte mit 10 oder sogar nur 5 Minuten. Die Zeitspanne ist weniger wichtig als die klare Trennung zwischen Fokus- und Pausenzeit.

Der Pomodoro-Sprint: Setze Dir das Ziel, drei Pomodori am Stück zu schaffen, ohne abgelenkt zu werden. Belohne Dich danach großzügig.

Die Pomodoro-Liste: Schätze, wie viele Pomodori Du für eine Aufgabe brauchst. Verfolge, wie viele Du tatsächlich benötigst. Dies verbessert mit der Zeit Deine Zeiteinschätzung – ein Bereich, in dem Prokrastinierer oft schwächeln.

Der Soziale Pomodoro: Arbeite mit einem Freund oder Kollegen synchron in Pomodoro-Einheiten. Die soziale Verpflichtung erhöht die Wahrscheinlichkeit, dass Du dranbleibst.

Der Belohnungs-Pomodoro: Verknüpfe jedes abgeschlossene Pomodoro mit einer kleinen Belohnung (nicht nur die Pause selbst).

Typische Stolpersteine und wie Du sie umgehst:

"Ich werde ständig unterbrochen!" Informiere Kollegen/Familie, dass Du für 25 Minuten nicht gestört werden möchtest. Schalte

Benachrichtigungen aus. Wenn eine Unterbrechung unvermeidbar ist, pausiere den Timer und setze ihn später fort.

"25 Minuten reichen nicht, um in den Flow zu kommen!" Experimentiere mit längeren Intervallen – 45 oder 60 Minuten können für manche besser funktionieren. Das Kernprinzip (fokussierte Arbeit + geplante Pausen) bleibt dasselbe.

"Ich vergesse, den Timer zu stellen!" Es gibt zahlreiche Pomodoro-Apps, die automatisch zwischen Arbeits- und Pausenphasen wechseln. Oder stelle einen wiederkehrenden Alarm auf Deinem Handy ein.

"Ich arbeite lieber ohne Unterbrechungen, wenn ich im Flow bin!" Das ist tatsächlich ein legitimer Einwand. Wenn Du im Flow bist, kannst Du die Pause überspringen oder verschieben. Aber sei ehrlich zu Dir selbst: Ist es wirklich Flow oder nur der Wunsch, die Methode zu umgehen?

Die Pomodoro-Technik ist kein Wundermittel – keine Methode ist das. Aber sie adressiert viele der psychologischen Faktoren, die hinter Prokrastination stecken: die Angst vor großen Aufgaben, das diffuse Zeitgefühl, die Schwierigkeit anzufangen und die Tendenz zur Ablenkung.

Das Schöne an der Methode: Du kannst sie sofort ausprobieren, ohne spezielle Ausrüstung oder Vorbereitung. Alles, was Du brauchst, ist ein Timer – und den hast Du wahrscheinlich schon in Deiner Tasche.

Die 5-Minuten-Regel

Die 5-Minuten-Regel ist so einfach, dass sie fast schon zu simpel erscheint – und doch ist sie eine der wirksamsten Waffen gegen Prokrastination. Die Grundidee:

Verpflichte Dich, nur 5 Minuten an einer Aufgabe zu arbeiten. Nach diesen 5 Minuten darfst Du aufhören, wenn Du willst.

Das ist alles. Keine komplizierten Regeln, keine spezielle Ausrüstung, keine langatmigen Vorbereitungen. Nur Du, Deine Aufgabe und ein 5-Minuten-Commitment.

Warum diese scheinbar triviale Methode so wirkungsvoll ist, hat mehrere psychologische Gründe:

1. Sie überwindet die Starthürde Wie wir bereits wissen, ist der Anfang das größte Hindernis. Fünf Minuten sind so kurz, dass unser Gehirn sie als "nicht bedrohlich" einstuft. Selbst bei der unangenehmsten Aufgabe können wir uns überzeugen: "Komm schon, es sind nur 5 Minuten!"

2. Sie nutzt den Zeigarnik-Effekt Unser Gehirn mag keine unvollendeten Aufgaben. Sobald Du angefangen hast, entsteht ein subtiler Drang, weiterzumachen. Nach 5 Minuten wirst Du oft feststellen, dass Du gar nicht aufhören willst.

3. Sie korrigiert verzerrte Wahrnehmungen Prokrastinierer überschätzen systematisch, wie unangenehm eine Aufgabe sein wird. Fünf Minuten reichen oft aus, um diese verzerrte Vorstellung zu korrigieren und zu erkennen: "Hey, das ist ja gar nicht so schlimm!"

4. Sie schwächt Perfektionismus ab Perfektionismus ist ein häufiger Auslöser für Prokrastination. Die 5-Minuten-Regel signalisiert: "Es muss nicht perfekt sein, es muss nur begonnen werden."

5. Sie reduziert die emotionale Belastung Die Aussicht, eine große Aufgabe bewältigen zu müssen, kann emotionalen Stress auslösen. Fünf Minuten sind emotional leicht zu verkraften.

Die Schönheit der 5-Minuten-Regel liegt in ihrer Flexibilität. Du kannst sie für praktisch jede Aufgabe anwenden:

- Schreibprojekte: "Ich schreibe nur 5 Minuten an diesem Bericht."
- Sport: "Ich jogge nur 5 Minuten, dann darf ich umkehren."
- Aufräumen: "Ich räume nur 5 Minuten mein Büro auf."
- Lernen: "Ich lese nur 5 Minuten in diesem Lehrbuch."
- Projektarbeit: "Ich arbeite nur 5 Minuten an diesem Design."

Und das Beste? In den allermeisten Fällen wirst Du länger als 5 Minuten durchhalten. Sobald Du im "Handlungsmodus" bist, verschwindet ein Großteil des inneren Widerstands. Und selbst wenn Du nach exakt 5 Minuten aufhörst – Du hast immerhin 5 Minuten mehr geschafft als vorher!

5-Minuten-Regel für Fortgeschrittene:

- **Die Kaskaden-Methode:** Beginne mit 5 Minuten, dann 10, dann 15... Steigere schrittweise die Dauer und baue Momentum auf.
- **Die Mikro-Habit-Variante:** Nutze die 5-Minuten-Regel täglich zur selben Zeit für dieselbe Aufgabe, um eine neue Gewohnheit zu etablieren.
- **Die Präventiv-Methode:** Wenn Du merkst, dass Du abdriften willst, sage Dir: "Ich konzentriere mich nur noch 5 Minuten, dann darf ich eine Pause machen."
- **Die 5-5-5-Technik:** Arbeite 5 Minuten, mache 5 Minuten Pause, arbeite wieder 5 Minuten. Diese Sandwich-Methode kann besonders bei sehr unbeliebten Aufgaben helfen.
- **Der 5-Minuten-Spurt:** Arbeite 5 Minuten so intensiv wie möglich an einer Aufgabe – als wäre es ein Sprint. Manchmal erzeugt diese Intensität einen Flow-Zustand.

Du kannst die 5-Minuten-Regel sogar mit anderen Produktivitäts-techniken kombinieren:

- Mit der Pomodoro-Technik: "Ich mache einen 5-Minuten-Pomodoro, dann entscheide ich."
- Mit der "Eat That Frog"-Methode: "Ich esse nur 5 Minuten lang an diesem Frosch."
- Mit der Eisenhower-Matrix: "Ich arbeite 5 Minuten an meiner wichtigsten, nicht dringenden Aufgabe."

Ein letzter Tipp: Halte Dir immer vor Augen, dass die 5-Minuten-Regel kein Trick ist, um Dich selbst zu täuschen. Es ist ein ehrliches Angebot an Dich selbst: "Nur 5 Minuten, dann darfst Du wirklich aufhören." Diese Ehrlichkeit ist wichtig – wenn Dein Gehirn merkt, dass es in eine Falle gelockt wird, wird es beim nächsten Mal stärkeren Widerstand leisten.

Die 5-Minuten-Regel ist vielleicht die demokratischste aller Prokrastinationsbekämpfungs-Methoden: Sie ist kostenlos, benötigt keine Vorbereitung und funktioniert für praktisch jeden. Also, worauf wartest Du? Die nächsten 5 Minuten könnten der Beginn einer produktiveren Zukunft sein.

Umgebungsdesign für Prokrastinations-Profis

Stelle Dir vor, Du beschließt, gesünder zu essen. Was wäre die effektivere Strategie: A) Süßigkeiten im Haus zu behalten und Dich in Selbstdisziplin zu üben, oder B) erst gar keine Süßigkeiten zu kaufen? Die meisten Menschen würden Option B wählen – denn sie wissen instinktiv: Die Umgebung beeinflusst das Verhalten stärker als Willenskraft.

Genau dieses Prinzip gilt auch für Prokrastination. Anstatt ständig gegen Ablenkungen anzukämpfen, kannst Du Deine Umgebung so gestalten, dass Produktivität der Weg des geringsten Widerstands wird.

Umgebungsdesign ist Verhaltensarchitektur

Der Bestsellerautor James Clear drückt es so aus: "Du brauchst nicht mehr Disziplin. Du brauchst eine einfachere Umgebung." Eine gut gestaltete Umgebung macht produktives Verhalten einfacher und Prokrastination schwieriger.

Hier sind die Schlüsselprinzipien des Umgebungsdesigns für Prokrastinations-Profis:

1. Das Reibungsprinzip Erhöhe die Reibung für unerwünschtes Verhalten und verringere sie für erwünschtes Verhalten. Beispiele:

- Ablenkende Apps vom Homescreen entfernen (mehr Reibung für Ablenkung)
- Arbeitsmaterialien griffbereit halten (weniger Reibung für Produktivität)

- Website-Blocker installieren (mehr Reibung für Zeitverschwendung)
- Projekt-Dokumente bereits geöffnet lassen (weniger Reibung für die Arbeit)

2. Das Sichtbarkeitsprinzip Was Du siehst, beeinflusst, woran Du denkst und was Du tust. Beispiele:

- To-Do-Liste sichtbar platzieren
- Ablenkungen aus dem Sichtfeld entfernen
- Visuelle Erinnerungen an Ziele aufhängen
- Fortschrittstracker an prominenter Stelle platzieren

3. Das Signalprinzip Umgebungsmerkmale können als Auslöser für bestimmte Verhaltensweisen dienen. Beispiele:

- Bestimmte Kleidung als "Arbeitsuniform" definieren
- Einen spezifischen Platz ausschließlich für Arbeit nutzen
- Ritualgegenstände (besondere Tasse, Notizbuch) einsetzen
- Bestimmte Musik nur während der Arbeitszeit hören

4. Das Energieprinzip Die physische Umgebung beeinflusst Deine Energie und Stimmung. Beispiele:

- Natürliches Licht für bessere Konzentration nutzen
- Lüften für Sauerstoffzufuhr
- Temperatur optimal einstellen (zu warm = schläfrig)
- Pflanzen für bessere Luftqualität und Wohlbefinden aufstellen

Konkrete Umgebungsdesign-Strategien für Prokrastinierer:

Der Digital Detox Workspace

- Handy in einen anderen Raum legen

- WLAN-Router mit Zeitschaltuhr versehen
- Browser-Erweiterungen wie "StayFocused" oder "Freedom" installieren
- Second-Screen entfernen (weniger Bildschirme = weniger Ablenkung)
- Benachrichtigungen global ausschalten
- E-Mail-Client nur zu bestimmten Zeiten öffnen

Der Fokus-Booster Workspace

- Noise-Cancelling Kopfhörer bereitstellen
- Fokus-Playlists vorbereiten (z.B. instrumentale Musik)
- Physischen Timer sichtbar platzieren
- "Nicht stören"-Schild aufstellen
- Nur die für die aktuelle Aufgabe notwendigen Unterlagen auf dem Schreibtisch lassen
- Trinken und kleine Snacks bereitstellen (um Unterbrechungen zu minimieren)

Der produktive Rückzugsort

- Einen Ort ausschließlich für fokussierte Arbeit definieren
- Alternativ: Ortswechsel für wichtige Aufgaben (Bibliothek, Café)
- Klare physische Grenzen zwischen Arbeits- und Entspannungsbereichen ziehen
- Ablenkungsfreie Zonen in der Wohnung/im Büro einrichten

Das Anti-Grübel-Setup

- Papier und Stift für ablenkende Gedanken bereithalten
- Whiteboard für visuelle Planung und Gedankenklärung nutzen

- "Später-Liste" für aufkommende, nicht relevante Ideen vorbereiten
- Mindfulness-Elemente (Sanduhr, Klangschale, Atemübungskarte) platzieren

Der entscheidende Punkt: Es geht nicht darum, eine "perfekte" Arbeitsumgebung zu schaffen – sondern eine, die DEINE spezifischen Prokrastinationstrigger berücksichtigt. Beobachte Dich selbst: Wodurch wirst Du am häufigsten abgelenkt? Was macht es Dir besonders schwer, anzufangen oder dranzubleiben?

- Schweift Dein Blick ständig zum Handy? Lege es in einen anderen Raum.
- Öffnest Du reflexartig Social Media? Installiere einen Website-Blocker.
- Stehst Du oft auf, um etwas zu holen? Bereite alles Nötige vorher vor.
- Lenkst Du Dich mit Aufräumen ab? Schaffe eine aufgeräumte Umgebung, bevor Du beginnst.

Denk daran: Die perfekte Umgebung zu schaffen, kann selbst zur Prokrastination werden! ("Ich muss erst mein Büro perfekt organisieren, bevor ich anfangen kann..."). Setze Dir ein Zeitlimit für die Umgebungsoptimierung – 10 Minuten sollten ausreichen, um die wichtigsten Ablenkungen zu eliminieren.

Ein letzter, aber entscheidender Tipp: Wechsle regelmäßig Deine Umgebung. Unser Gehirn gewöhnt sich an alles – auch an die beste Fokus-Umgebung. Durch gelegentliche Veränderungen (anderer Raum, andere Tageszeit, anderer Arbeitsplatz) kannst Du die Wirksamkeit Deines Umgebungsdesigns aufrechterhalten.

Die Kunst, sich selbst auszutricksen

Prokrastination ist oft ein raffiniertes Spiel, das Dein Gehirn mit Dir spielt. Die gute Nachricht: Du kannst zurückspielen! Die Kunst, sich selbst auszutricksen, ist eine der effektivsten Strategien gegen chronisches Aufschieben. Dabei nutzt Du psychologische Prinzipien, um Deinen inneren Schweinehund zu überlisten – anstatt ihn direkt zu bekämpfen.

Hier sind einige geniale Selbsttäuschungsstrategien für Prokrastinations-Profis:

1. Die Dummheit vortäuschen Sage Dir: "Ich schaue mir die Aufgabe nur an, ohne sie zu erledigen." Diese Methode nutzt die Tatsache, dass der Anfang das Schwierigste ist. Oft wirst Du feststellen, dass Du nach dem "Anschauen" einfach weitermachst.

2. Die Samy-Molcho-Methode Der berühmte Pantomime Samy Molcho beobachtete: Wenn der Körper sich bewegt, folgt der Geist. Die Methode: Beginne mit der physischen Bewegung, die zur Aufgabe gehört – nimm den Stift in die Hand, öffne das Dokument, zieh die Sportsachen an. Der Geist folgt oft automatisch.

3. Der Salami-Trick Eine große Aufgabe erscheint wie ein riesiger Berg. Die Lösung: Zerlege sie in so lächerlich kleine Scheiben, dass sie nicht mehr bedrohlich wirken. Nicht "Masterarbeit schreiben", sondern "Eine Überschrift formulieren".

4. Die Wette mit Dir selbst "Ich wette, ich schaffe es nicht, in den nächsten 10 Minuten 5 Absätze zu schreiben." Dein Gehirn reagiert oft mit: "Ach ja? Das werden wir ja sehen!" Ein kleiner Wettbewerb mit Dir selbst aktiviert Deinen Spieltrieb.

5. Die "Als ob"-Technik Tue so, als wärst Du eine hochproduktive Person. Wie würde diese Person Deine aktuelle Aufgabe angehen? Dieses "Method Acting" kann überraschend effektiv sein, weil es Dich aus Deiner gewohnten Prokrastinations-Identität herausholt.

6. Die Abwärts-Spirale Statt einer To-Do-Liste erstelle eine Done-Liste. Beginne mit etwas, das Du bereits erledigt hast, und schreibe es auf. Der sichtbare Fortschritt erzeugt ein Gefühl der Erfolgsspirale, die Du nicht unterbrechen willst.

7. Die 10 von 10 Methode Bewerte, wie viel Lust Du hast, eine Aufgabe zu erledigen, auf einer Skala von 1 bis 10. Ist der Wert unter 5? Dann mach etwas, das einen höheren Wert hat, aber dennoch produktiv ist. Diese Methode verhindert, dass Du komplett in die Prokrastination abrutschst.

8. Die Reverse Psychology Taktik Verbiete Dir selbst, an einer Aufgabe zu arbeiten. "Ich darf heute unter keinen Umständen an diesem Projekt arbeiten!" Unser Gehirn reagiert oft mit Reaktanz – dem Wunsch, genau das zu tun, was verboten ist.

9. Die Parkplatz-Methode Höre mitten in einer produktiven Phase auf und notiere genau, wo Du weitermachen würdest. Wenn Du das nächste Mal beginnst, hast Du einen klaren "Parkplatz", von dem aus Du starten kannst – viel leichter als bei einem Kaltstart.

10. Der Doppelgänger-Trick Schreibe Dir selbst eine E-Mail oder Nachricht mit Anweisungen, als würdest Du sie einer anderen Person schicken. Viele Menschen finden es leichter, Aufgaben für andere zu strukturieren als für sich selbst.

11. Die Öffentliche Verpflichtung Kündige öffentlich an, was Du bis wann erledigen wirst. Die Angst vor sozialer Beschämung ist ein starker Motivator. Bonus: Vereinbare eine unangenehme

Konsequenz bei Nichteinhaltung (z.B. Geldspende an eine Organisation, die Du nicht unterstützen möchtest).

12. Die Lust-Brücke Verknüpfe die aufgeschobene Aufgabe mit etwas, das Du gerne tust. Beispiel: "Ich darf meinen Lieblingspodcast nur hören, während ich aufräume." Diese Strategie, auch bekannt als "Temptation Bundling", nutzt die Belohnungssysteme Deines Gehirns.

13. Die Katz-und-Maus Methode Wechsle zwischen verschiedenen Aufgaben, wenn Du bei einer festhängst. Unser Gehirn liebt Abwechslung. Oft kehrt die Motivation für die erste Aufgabe zurück, nachdem Du Dich kurz mit etwas anderem beschäftigt hast.

14. Die Münchhausen-Methode Baron von Münchhausen zog sich angeblich am eigenen Schopf aus dem Sumpf. Deine Version: Schaffe externe Zwänge, die Dich zur Produktion "zwingen". Beispiel: Vereinbare ein Treffen, bei dem Du Ergebnisse präsentieren musst.

Der Schlüssel bei allen diesen Methoden ist, sie spielerisch anzugehen. Sieh es als freundschaftliches Duell mit Dir selbst, nicht als erbitterten Kampf. Und wechsle die Strategien regelmäßig – Dein Gehirn durchschaut mit der Zeit jeden Trick!

Besonders clever: Kombiniere verschiedene Techniken. Die "Als-ob-Technik" plus "Öffentliche Verpflichtung" plus "Salami-Taktik" ergibt ein mächtiges Anti-Prokrastinations-Arsenal.

Und vergiss nicht, Dich für gelungene Selbstüberlistungen zu belohnen. Dein Gehirn lernt am besten durch positive Verstärkung – also feiere Deine kleinen Siege im Kampf gegen die Aufschieberitis!

Warum Deine To-Do-Liste Dein schlimmster Feind sein könnte

Sie sieht so unschuldig aus – die To-Do-Liste, dieses vermeintliche Produktivitätswerkzeug, das in jedem Zeitmanagement-Ratgeber empfohlen wird. Aber für viele Prokrastinierer ist sie mehr Fluch als Segen, mehr Hemmschuh als Hilfe. Warum? Weil schlecht gestaltete To-Do-Listen tatsächlich Prokrastination fördern können.

Warum traditionelle To-Do-Listen problematisch sein können:

1. Der Avalanche-Effekt Eine lange, unstrukturierte Liste von Aufgaben kann überwältigend wirken. Dein Gehirn registriert sie als einen riesigen Berg von Verpflichtungen und reagiert mit dem Wunsch, zu flüchten.

2. Das Dopamin-Defizit Unser Gehirn braucht regelmäßige Dopamin-Ausschüttungen, um motiviert zu bleiben. Lange Listen mit wenigen Abhak-Möglichkeiten bieten zu wenig Belohnung für zu viel Anstrengung.

3. Die Vagheits-Falle Einträge wie "Website aktualisieren" oder "Präsentation vorbereiten" sind zu unspezifisch. Sie definieren weder, was genau zu tun ist, noch wann die Aufgabe als erledigt gilt.

4. Der Prioritäten-Dschungel Wenn alle Aufgaben gleich aussehen, neigt unser Gehirn dazu, die einfachsten zuerst zu erledigen – unabhängig von ihrer Wichtigkeit (Parkinson'sches Gesetz der Trivialität).

5. Die Deadline-Verwirrung Ohne klare zeitliche Einordnung werden wichtige Aufgaben oft bis zur letzten Minute aufgeschoben.

6. Die Illusion der Produktion Manchmal erzeugt das bloße Erstellen einer To-Do-Liste ein falsches Gefühl der Produktivität – als hätte man schon etwas erreicht, obwohl man nur eine Liste geschrieben hat.

7. Der psychologische Übertragungseffekt Unerledigte Aufgaben auf einer Liste erzeugen kognitive Belastung (Zeigarnik-Effekt), die sich negativ auf die aktuelle Konzentration auswirkt.

Die Lösung? Nicht die Abschaffung von Listen, sondern ihre Neugestaltung!

Hier sind Alternativen und Verbesserungen zur klassischen To-Do-Liste:

Die 1-3-5-Liste Anstatt einer endlosen Aufgabenkette planst Du pro Tag:

- 1 große Aufgabe
- 3 mittlere Aufgaben
- 5 kleine Aufgaben Diese Struktur verhindert Überforderung und schafft Klarheit über Prioritäten.

Die MIT-Methode (Most Important Tasks) Identifiziere jeden Morgen die 1-3 wichtigsten Aufgaben des Tages – diejenigen, die den größten Einfluss haben werden. Konzentriere Dich nur auf diese, bis sie erledigt sind.

Die "Nächste physische Handlung"-Liste Anstatt vage Projekte aufzulisten ("Steuererklärung machen"), notiere die konkrete nächste Handlung ("Steuerformular herunterladen"). Diese Methode aus dem Getting Things Done-System senkt die Einstiegshürde dramatisch.

Die Zeitblock-Methode Wandle Deine To-Do-Liste in Kalendereinträge um. Plane nicht nur, WAS Du tun wirst, sondern auch WANN und WIE LANGE. Diese Methode konfrontiert Dich mit der Realität der verfügbaren Zeit.

Die Eisenhower-Matrix Teile Aufgaben in vier Kategorien ein:

1. Wichtig und dringend → Sofort erledigen
2. Wichtig, aber nicht dringend → Einplanen
3. Nicht wichtig, aber dringend → Delegieren
4. Weder wichtig noch dringend → Eliminieren Diese visuelle Methode verhindert, dass Du Dich in Dringlichkeiten verlierst und das wirklich Wichtige vernachlässigst.

Die Kanban-Methode Teile Deine Arbeit in drei Spalten: "Zu tun", "In Arbeit" und "Erledigt". Limitiere die Anzahl der Aufgaben in "In Arbeit" auf maximal drei. Diese Methode verhindert, dass Du zu viel gleichzeitig anfängst.

Die Checkbox-plus-Kreis-Methode Aufgaben, die Du selbst erledigen musst, bekommen eine Checkbox. Aufgaben, auf die Du wartest oder die andere erledigen müssen, bekommen einen Kreis. Diese visuelle Unterscheidung hilft, den Überblick zu behalten und unnötige Sorgen zu vermeiden.

Die "Don't-Do"-Liste Manchmal ist es effektiver, aufzuschreiben, was Du NICHT tun wirst, um Dich auf das Wesentliche zu konzentrieren. Diese Methode ist besonders wirksam gegen Perfektionismus und Überengagement.

Weitere To-Do-Listen-Optimierungen für Prokrastinierer:

- **Füge Kontext hinzu**: Markiere, ob eine Aufgabe Energie kostet oder gibt, ob sie hohe Konzentration erfordert oder auch bei Müdigkeit machbar ist.
- **Setze Zeitschätzungen**: Notiere bei jeder Aufgabe, wie lange sie vermutlich dauern wird. Dies verhindert unrealistische Planung.
- **Implementiere eine "Vielleicht"-Liste**: Halte Ideen und optionale Aufgaben separat von Verpflichtungen.
- **Nutze die 2-Minuten-Regel**: Aufgaben, die weniger als 2 Minuten dauern, werden sofort erledigt, nicht auf die Liste gesetzt.
- **Plane Überprüfungen ein**: Reserviere Zeit, um Deine Listen zu pflegen und zu aktualisieren.
- **Verwende Belohnungen**: Markiere besonders unangenehme Aufgaben mit einem Stern und belohne Dich, wenn Du sie erledigst.

Die perfekte To-Do-Liste gibt es nicht – es geht darum, ein System zu finden, das zu Deinem Gehirn und Deinen spezifischen Prokrastinationsmustern passt. Experimentiere mit verschiedenen Formaten und achte darauf, was funktioniert und was nicht.

Und das Wichtigste: Eine To-Do-Liste ist nur ein Werkzeug, kein Zauberstab. Sie kann Deine Arbeit organisieren, aber nicht für Dich erledigen. Am Ende bleibt die wichtigste Frage nicht "Was steht auf meiner Liste?", sondern "Woran arbeite ich JETZT?"

Wie Du mit lächerlich kleinen Schritten große Erfolge erzielst

Stell Dir vor, Du möchtest einen Marathon laufen, hast aber noch nie Sport gemacht. Würdest Du am ersten Tag versuchen, 42 Kilometer zu laufen? Natürlich nicht. Aber genau so gehen viele Menschen ihre Prokrastinationsprobleme an – sie versuchen, ihre Gewohnheiten über Nacht komplett umzukrempeln, scheitern, und fallen in alte Muster zurück.

Die Alternative zu diesem "Alles-oder-nichts"-Ansatz sind Mini-Gewohnheiten – lächerlich kleine Verhaltensänderungen, die so minimal sind, dass sie fast unmöglich zu verweigern sind. Diese Methode, populär gemacht von Stephen Guise in seinem Buch "Mini Habits", nutzt die Wissenschaft der Gewohnheitsbildung, um Prokrastination langfristig zu überwinden.

Was sind Mini-Gewohnheiten?

Mini-Gewohnheiten sind absichtlich absurd kleine Ziele, die Du Dir täglich setzt. Einige Beispiele:

- Ein Liegestütz pro Tag
- Eine Minute meditieren
- Einen Satz schreiben
- Eine Minute aufräumen
- Eine Seite lesen

Die Idee dahinter ist radikal einfach: Setze die Einstiegshürde so niedrig, dass sie lächerlich einfach zu überwinden ist – selbst an Deinen schlechtesten Tagen, selbst wenn Du krank oder müde oder demotiviert bist.

Warum Mini-Gewohnheiten funktionieren:

1. Sie überwinden den anfänglichen Widerstand Der schwierigste Teil einer Aktivität ist oft das Anfangen. Mini-Gewohnheiten machen das Anfangen so einfach, dass der Widerstand fast verschwindet.

2. Sie eliminieren die Willenskraft-Frage Bei Mini-Gewohnheiten musst Du keine Willenskraft aufbringen, um Dich zu motivieren. Die Hürde ist so niedrig, dass Du keine Ausreden hast – und damit auch keine inneren Kämpfe.

3. Sie nutzen das Konsistenzprinzip Sobald Du mit einer Aktivität begonnen hast, ist es psychologisch einfacher, weiterzumachen. Eine Minute aufräumen wird oft zu fünf oder zehn Minuten, ein Liegestütz zu einem kurzen Workout.

4. Sie bauen auf Erfolg statt auf Versagen Traditionelle ehrgeizige Ziele führen oft zu Versagen und Demotivation. Mini-Gewohnheiten sind so konzipiert, dass Du sie praktisch immer erreichen kannst, was ein Gefühl von Erfolg und Kompetenz schafft.

5. Sie wirken auf neuronaler Ebene Jedes Mal, wenn Du eine Mini-Gewohnheit ausführst, stärkst Du die neuronalen Bahnen, die mit diesem Verhalten verbunden sind. Mit der Zeit wird das Verhalten automatischer und benötigt weniger bewusste Kontrolle.

6. Sie respektieren das Identitätsprinzip Laut James Clear sind Gewohnheiten nicht nur das, was wir tun, sondern ein Ausdruck dessen, wer wir sind. Mini-Gewohnheiten verändern langsam Deine Identität von "Ich bin ein Prokrastinierer" zu "Ich bin jemand, der täglich schreibt/trainiert/meditiert".

Wie Du Mini-Gewohnheiten implementierst:

Schritt 1: Wähle strategisch Welches Verhalten, wenn täglich ausgeführt, würde den größten positiven Einfluss auf Dein Leben haben? Fokussiere Dich auf eine Gewohnheit, die Deine schlimmsten Prokrastinationsbereiche adressiert.

Schritt 2: Mache es lächerlich klein Was auch immer Du Dir vorgenommen hast – mache es noch kleiner. Und dann noch einmal kleiner. Es sollte so einfach sein, dass es albern erscheint, es nicht zu tun.

Schritt 3: Definiere den genauen Auslöser Bestimme, wann genau Du die Mini-Gewohnheit ausführen wirst. Nach dem Zähneputzen? Bei der ersten Kaffeepause? Der konkrete Auslöser ist entscheidend.

Schritt 4: Verfolge Deine Serien Nutze ein einfaches System, um Deine täglichen Erfolge zu verfolgen – ein Kalender, eine App oder ein Notizbuch. Die visuelle Darstellung Deiner Fortschritte ist motivierend.

Schritt 5: Feiere jeden Erfolg Jedes Mal, wenn Du Deine Mini-Gewohnheit ausführst, feiere es. Ein innerliches "Gut gemacht!" oder ein Häkchen im Kalender – wichtig ist die positive Emotion.

Schritt 6: Erlaube Dir, mehr zu tun – aber ändere nicht die Mindestanforderung An guten Tagen wirst Du oft über das Minimum hinausgehen. Das ist großartig! Aber erhöhe nicht die Mindestanforderung. Die winzige Verpflichtung ist das Geheimnis des Erfolgs.

Schritt 7: Nie zwei Tage in Folge verpassen Eine verpasste Mini-Gewohnheit ist kein Problem. Zwei verpasste Tage hintereinander können der Beginn eines Musters sein. Folge der "Nie zwei in Folge"-Regel.

Beispiele für prokrastinationsbezogene Mini-Gewohnheiten:

- **Für aufgeschobene Projekte**: Arbeite täglich eine Minute an Deinem wichtigsten Projekt
- **Für Organisationsprobleme**: Räume täglich einen einzigen Gegenstand auf
- **Für aufgeschobene Korrespondenz**: Beantworte täglich eine E-Mail oder Nachricht
- **Für aufgeschobene Fitness**: Mache täglich einen einzigen Liegestütz oder Kniebeuge
- **Für finanzielles Aufschieben**: Überprüfe täglich ein einziges Konto oder eine Ausgabenposition
- **Für aufgeschobenes Lernen**: Lerne täglich ein Wort oder eine Tatsache
- **Für kreative Blockaden**: Schreibe täglich einen Satz oder zeichne eine einzige Linie

Denk daran: Es geht nicht darum, mit Mini-Gewohnheiten sofort große Ergebnisse zu erzielen. Es geht darum, ein System zu etablieren, das langfristig funktioniert, indem es den inneren Widerstand umgeht und auf konsistenten, kleinen Erfolgen aufbaut.

Mit Mini-Gewohnheiten entwickelst Du eine Identität als "Person, die X tut", anstatt als "Person, die vorhat, X zu tun". Und dieser subtile Unterschied kann Dein Verhältnis zur Prokrastination grundlegend verändern.

Die 2-Minuten-Regel und warum sie funktioniert

"Wenn Du eine neue Gewohnheit entwickeln willst, sollte sie nicht mehr als zwei Minuten dauern. Die Idee ist, eine Gewohnheit so einfach zu machen, dass Du keine Ausrede hast, sie nicht zu tun."
– James Clear, Autor von "Atomic Habits"

Die 2-Minuten-Regel ist eine der mächtigsten Strategien gegen Prokrastination. Sie kombiniert mehrere psychologische Prinzipien in einem einfachen Konzept, das fast jeder anwenden kann.

Die Grundidee ist zweifach:

1. Jede neue Gewohnheit sollte zunächst auf eine Version reduziert werden, die nicht länger als zwei Minuten dauert.
2. Wenn Du eine bestehende Aufgabe erledigen musst, beginne mit einem 2-Minuten-Einstieg.

Beispiele für die erste Variante:

- "Täglich joggen" wird zu "Täglich Laufschuhe anziehen"
- "Ein Buch lesen" wird zu "Eine Seite lesen"
- "Tagebuch führen" wird zu "Einen Satz schreiben"
- "Gitarre spielen lernen" wird zu "Täglich die Gitarre aus dem Koffer nehmen"

Beispiele für die zweite Variante:

- Bei einem Report: "Ich öffne das Dokument und schreibe nur zwei Minuten"
- Bei einer Steuererklärung: "Ich sortiere nur zwei Minuten lang Belege"
- Beim Aufräumen: "Ich räume nur zwei Minuten lang auf"

Warum die 2-Minuten-Regel so effektiv ist:

1. Sie nutzt die Psychologie des Anfangens Wie wir schon mehrfach gesehen haben: Anfangen ist das größte Hindernis. Die 2-Minuten-Regel macht den Einstieg so einfach, dass er kaum als Hindernis wahrgenommen wird.

2. Sie eliminiert Ausreden "Ich habe keine Zeit" ist eine der häufigsten Prokrastinations-Ausreden. Aber wer hat nicht zwei Minuten? Die Regel macht diese Ausrede unbrauchbar.

3. Sie nutzt Newtons Trägheitsgesetz Ein Körper in Bewegung tendiert dazu, in Bewegung zu bleiben. Sobald Du angefangen hast, ist die Wahrscheinlichkeit hoch, dass Du länger als zwei Minuten weitermachst.

4. Sie schafft "Action Triggers" In der Psychologie sind "Action Triggers" Verhaltensanker, die automatisches Handeln auslösen. Die 2-Minuten-Version einer Gewohnheit kann zum Trigger für die vollständige Handlung werden.

5. Sie fokussiert auf Identitätsbildung statt auf Ergebnisse Die Regel hilft Dir, Dich als "Person, die schreibt" statt als "Person, die einen Roman schreiben will" zu sehen. Diese Identitätsverschiebung ist mächtig für langfristige Veränderung.

6. Sie schafft frühe Erfolgserlebnisse Jede erfolgreich absolvierte 2-Minuten-Session ist ein kleiner Sieg, der Dopamin freisetzt und positives Feedback erzeugt.

Die 2-Minuten-Regel in der Praxis:

Für die Gewohnheitsbildung:

1. Identifiziere die Gewohnheit, die Du entwickeln möchtest
2. Reduziere sie auf eine 2-Minuten-Version
3. Mache diese Mini-Version täglich
4. Sobald die Mini-Version zur Selbstverständlichkeit wird, erweitere sie schrittweise

Für die Aufgabenbewältigung:

1. Identifiziere eine Aufgabe, die Du aufschiebst
2. Definiere einen 2-Minuten-Anfang für diese Aufgabe
3. Verpflichte Dich NUR zu diesen zwei Minuten
4. Nach zwei Minuten entscheide, ob Du weitermachen willst (in den meisten Fällen wirst Du das tun)

Typische Einwände und Lösungen:

"Zwei Minuten sind nicht genug, um echten Fortschritt zu machen!" Das stimmt – und ist gleichzeitig irrelevant. Bei der 2-Minuten-Regel geht es nicht darum, in zwei Minuten ein Projekt abzuschließen, sondern darum, die psychologische Barriere des Anfangens zu überwinden. Die zwei Minuten sind ein Türöffner, keine Begrenzung.

"Ich fühle mich albern, wenn ich nur zwei Minuten etwas mache." Diese Methode mag sich anfangs künstlich anfühlen. Aber denke daran: Besser zwei Minuten Fortschritt als null Minuten perfekte Planung oder endloses Aufschieben.

"Was, wenn ich nach zwei Minuten wirklich aufhören will?" Dann hör auf! Die Schönheit der Methode liegt in der Ehrlichkeit des Angebots: Du versprichst Dir selbst wirklich nur zwei Minuten. Wenn Du danach aufhören willst, ist das völlig in Ordnung. Aber in der Praxis wirst Du oft feststellen, dass der Widerstand nach den ersten zwei Minuten dramatisch sinkt.

2-Minuten-Hacks für hartnäckige Prokrastination:

Der "Nur-die-Schuhe"-Hack fürs Training Verpflichte Dich nicht zum Training, sondern nur dazu, Deine Sportschuhe anzuziehen und einen Schritt vor die Tür zu machen. Der Rest entwickelt sich oft von selbst.

Der "Nur-eine-Zeile"-Hack für Programmierung Verpflichte Dich nicht, ein ganzes Programm zu schreiben, sondern nur eine einzige Zeile Code. Oft ist dieser erste Schritt alles, was Du brauchst, um in den Flow zu kommen.

Der "Nur-ein-Absatz"-Hack für Autor

Öffne das Dokument und schreibe nur einen einzigen Absatz. Kein Druck, weiterzuschreiben – aber oft wirst Du feststellen, dass die Worte weiter fließen.

Der "Nur-ein-Anruf"-Hack für unangenehme Kommunikation Wenn Du einen unangenehmen Anruf oder ein schwieriges Gespräch führen musst, verpflichte Dich nur dazu, die Nummer zu wählen. Alles Weitere ergibt sich oft von selbst.

Der "Ein-Element"-Hack für chaotische Räume Verpflichte Dich nicht, den ganzen Raum aufzuräumen, sondern nur dazu, ein einziges Element an seinen Platz zu bringen. Der erste Gegenstand führt oft zum zweiten, dritten...

Die 2-Minuten-Regel ist ein perfektes Beispiel dafür, wie wir Prokrastination nicht durch mehr Willenskraft, sondern durch smartere Systeme überwinden können. Sie umgeht den inneren Widerstand, indem sie die Anfangshürde so weit senkt, dass sie kaum noch spürbar ist.

In Kombination mit anderen Techniken, wie der Pomodoro-Methode oder Umgebungsdesign, kann die 2-Minuten-Regel zu einem zentralen Bestandteil Deines Anti-Prokrastinations-Arsenals werden. Und das Schönste daran? Du kannst sie sofort ausprobieren – es dauert ja nur zwei Minuten!

Habit Stacking: Der Jenga-Turm der Produktivität

Stell Dir vor, Du könntest neue produktive Gewohnheiten mühelos in Deinen Alltag integrieren, ohne ständig mit Deinem inneren Schweinehund verhandeln zu müssen. Genau das verspricht eine Technik namens "Habit Stacking" (Gewohnheiten-Stapeln).

Das Konzept, populär gemacht durch James Clear in seinem Bestseller "Atomic Habits", basiert auf einer einfachen neuropsychologischen Tatsache: Unser Gehirn liebt es, bestehende neuronale Pfade zu nutzen. Wenn wir eine neue Gewohnheit mit einer bereits etablierten verbinden, nutzen wir die Stärke vorhandener Synapsen, um neue zu entwickeln.

Die Grundformel des Habit Stacking lautet: "Nach/vor [bestehende Gewohnheit] werde ich [neue Gewohnheit]."

Einige Beispiele:

- "Nach dem Zähneputzen werde ich eine Seite in meinem Buch lesen."
- "Vor dem Duschen werde ich 10 Liegestütze machen."
- "Nach dem Aufbrühen meines Morgenkaffees werde ich drei Minuten meditieren."
- "Nach dem Aufstehen werde ich einen Satz für mein Buch schreiben."
- "Nach dem Mittagessen werde ich fünf Minuten an meinem wichtigsten Projekt arbeiten."

Warum Habit Stacking bei Prokrastination so effektiv ist:

1. Es eliminiert Entscheidungsmüdigkeit Jede Entscheidung kostet mentale Energie. Durch Habit Stacking automatisierst Du den Entscheidungsprozess – die bestehende Gewohnheit wird zum Auslöser für die neue.

2. Es nutzt bestehende neuronale Autobahnen Dein Gehirn hat bereits starke neuronale Verbindungen für Deine täglichen Routinen. Habit Stacking nutzt diese existierenden "Autobahnen", um neue Verhaltensweisen schneller zu etablieren.

3. Es schafft klare Auslöser Eines der größten Probleme bei neuen Gewohnheiten ist das Fehlen klarer Auslöser. "Ich will mehr lesen" ist vage und unspezifisch. "Nach dem Abendessen lese ich 10 Minuten" ist konkret und umsetzbar.

4. Es fühlt sich natürlicher an als isolierte Gewohnheiten Eine neue Gewohnheit kann sich aufgesetzt anfühlen. Wenn Du sie an eine bestehende anknüpfst, wird sie schneller zu einem natürlichen Teil Deines Tagesablaufs.

5. Es schafft Verhaltensketten, die sich gegenseitig verstärken Mit der Zeit entwickelst Du ganze "Produktivitätsketten", wo eine gute Gewohnheit zur nächsten führt – wie ein Dominoeffekt positiver Handlungen.

So setzt Du Habit Stacking erfolgreich um:

Schritt 1: Erstelle eine Liste Deiner täglichen Habits Bevor Du stapeln kannst, musst Du wissen, was bereits fest in Deinem Alltag verankert ist. Liste alle Tätigkeiten auf, die Du täglich automatisch erledigst: Zähneputzen, Kaffee trinken, Smartphone checken, Schuhe anziehen, zur Arbeit fahren, etc.

Schritt 2: Identifiziere die besten "Anker"-Gewohnheiten Nicht alle bestehenden Gewohnheiten eignen sich gleich gut als Anker. Die ideale Anker-Gewohnheit:

- Geschieht zuverlässig täglich
- Findet zu einer relativ konstanten Zeit statt
- Benötigt wenig bewusste Anstrengung

- Passt logisch oder thematisch zur neuen Gewohnheit

Schritt 3: Wähle die richtigen neuen Gewohnheiten zum Stapeln Beginne mit einer einzigen neuen Gewohnheit, die:

- Weniger als 2 Minuten in Anspruch nimmt
- Nicht zu viel Ausrüstung oder Vorbereitung erfordert
- Idealerweise mit der Anker-Gewohnheit zusammenhängt

Schritt 4: Formuliere Deine Habit-Stacking-Formel Erstelle einen klaren Satz, der Deine Absicht beschreibt. Beispiel: "Nachdem ich meinen Morgen-Kaffee eingeschenkt habe, werde ich meine Top-3-Prioritäten für den Tag aufschreiben."

Schritt 5: Schreibe Deine Formel auf und platziere sie sichtbar Bringe visuelle Erinnerungen dort an, wo die Anker-Gewohnheit stattfindet. Beispiel: Ein Post-it am Kaffeefilterbehälter mit "Top-3-Aufgaben notieren!".

Schritt 6: Baue schrittweise auf Sobald die erste Verbindung stabil ist (typischerweise nach 30+ Tagen), kannst Du eine weitere Gewohnheit hinzufügen. Langfristig kannst Du ganze "Stapel" oder Routinen entwickeln:

"Nach dem Aufwachen trinke ich ein Glas Wasser. Nach dem Wassertrinken mache ich 5 Minuten Stretching. Nach dem Stretching schreibe ich 3 Dinge auf, für die ich dankbar bin. Nach dem Schreiben meditiere ich 2 Minuten."

Fortgeschrittenes Habit Stacking für Prokrastinations-Profis:

Lokationsbasiertes Stapeln Verbinde neue Gewohnheiten nicht nur mit Handlungen, sondern auch mit Orten: "Jedes Mal, wenn ich mein Büro betrete, werde ich einen tiefen Atemzug nehmen und meine Hauptaufgabe des Tages visualisieren."

Zeit-basiertes Stapeln Verbinde Gewohnheiten mit bestimmten Uhrzeiten: "Um 10 Uhr werde ich meine Emails checken und dann sofort 25 Minuten an meinem wichtigsten Projekt arbeiten."

Emotions-basiertes Stapeln Koppele Gewohnheiten an emotionale Zustände: "Wenn ich mich gestresst fühle, werde ich eine Minute pausieren und drei tiefe Atemzüge nehmen, bevor ich weitermache."

Übergangs-Stapeln Nutze Übergänge zwischen Aktivitäten oder Orten: "Jedes Mal, wenn ich vom Büro nach Hause komme, werde ich auf dem Heimweg mental drei gute Dinge vom Tag Revue passieren lassen."

Häufige Stolpersteine und wie Du sie umgehst:

Zu viele neue Gewohnheiten auf einmal Beginne mit nur EINER neuen Gewohnheit pro Anker. Erweitere erst, wenn die erste fest etabliert ist.

Unpassende Paarungen Achte auf logische Verbindungen. "Nach dem Zähneputzen werde ich meine Emails checken" ist weniger intuitiv als "Nach dem Frühstück werde ich meine Emails checken."

Zu große neue Gewohnheiten Halte die neuen Gewohnheiten anfangs winzig. "Nach dem Aufstehen werde ich 30 Minuten joggen" ist zu ambitioniert. "Nach dem Aufstehen werde ich meine Laufschuhe anziehen" ist ein besserer Start.

Fehlende Vorbereitung Stelle sicher, dass alles, was Du für die neue Gewohnheit brauchst, am richtigen Ort bereitliegt.

Habit Stacking als Anti-Prokrastinations-Strategie

Habit Stacking ist besonders wirksam gegen Prokrastination, weil es die beiden Hauptprobleme des Aufschiebens adressiert:

1. **Das Anfangsproblem**: Durch die Kopplung an bestehende Gewohnheiten wird der Einstieg automatisiert.
2. **Das Konsistenzproblem**: Durch die Verankerung im Alltag wird regelmäßiges Handeln wahrscheinlicher.

Mit der Zeit wirst Du feststellen, dass Deine gestapelten Gewohnheiten nicht mehr als separate Aktivitäten wahrgenommen werden, sondern als zusammenhängende Routinen – genau wie ein gut gebauter Jenga-Turm, bei dem jeder Baustein den anderen stützt und verstärkt.

Die Motivation-Mythos-Entlarvung

"Du musst nur motiviert genug sein!" – dieser Ratschlag ist allgegenwärtig. Motivations-Gurus predigen es, Instagram-Zitate verherrlichen es, und Freunde wiederholen es, wenn Du über Prokrastination klagst. Aber hier ist die unbequeme Wahrheit: Motivation als Hauptstrategie gegen Prokrastination zu setzen, ist wie auf gutes Wetter zu hoffen, anstatt ein Dach zu bauen.

Der Motivations-Mythos: Warum er so verführerisch ist

Warum glauben wir so hartnäckig an die Kraft der Motivation? Es gibt mehrere Gründe:

1. **Der Hollywoodfaktor**: Filme zeigen uns den Protagonisten, der in einem Moment der Eingebung seine Motivation findet und dann unaufhaltsam zum Erfolg schreitet. Diese dramatischen Wendepunkte sind unterhaltsam – aber selten realistisch.
2. **Die Sichtbarkeit erfolgreicher Menschen**: Wir sehen erfolgreiche Menschen oft nur in ihren produktiven Momenten und schließen daraus, dass sie ständig motiviert sind. Ihre zahlreichen unmotivierten Momente bleiben unsichtbar.
3. **Die Verwechslung von Ursache und Wirkung**: Wenn wir produktiv sind, fühlen wir uns oft motiviert. Wir verwechseln dann die Richtung der Kausalität und denken, wir seien produktiv, weil wir motiviert waren – während es oft umgekehrt ist.
4. **Die befriedigende Ausrede**: Wenn wir glauben, dass Motivation der Schlüssel ist, haben wir eine bequeme

Erklärung für unser Scheitern: "Mir fehlte einfach die Motivation."

Die wissenschaftliche Realität der Motivation

Die Motivationsforschung zeigt ein anderes Bild als der populäre Mythos:

1. **Motivation ist fluktuierend**: Neurologische Studien zeigen, dass unsere Motivationslevel naturgemäß schwanken – abhängig von Hormonen, Biorhythmus, Stress, Schlaf und unzähligen anderen Faktoren.
2. **Willenskraft ist begrenzt**: Das Konzept der "Ego-Depletion" besagt, dass Willenskraft wie ein Muskel ermüdet. Je mehr wir sie benutzen, desto schwächer wird sie temporär.
3. **Motivation folgt oft der Handlung**: Der Psychologe B.J. Fogg fand heraus, dass Motivation oft NACH dem Beginn einer Aktivität ansteigt, nicht davor.
4. **Die Motivationslücke**: Zwischen der Motivation, etwas zu tun, und der tatsächlichen Handlung besteht eine "Implementierungslücke" – ein Raum, in dem Prokrastination gedeiht.

Warum Motivation allein nicht ausreicht

Es gibt fundamentale Gründe, warum Motivation als Anti-Prokrastinations-Strategie mangelhaft ist:

1. **Sie ist nicht zuverlässig**: Selbst bei höchster Motivation schwankt diese im Tagesverlauf und über längere Zeiträume.
2. **Sie ignoriert Umgebungsfaktoren**: Motivation kann durch externe Faktoren leicht unterminiert werden – von Lärm bis zu sozialen Medien-Benachrichtigungen.

3. **Sie belastet das präfrontale Kortex**: Sich auf Motivation zu verlassen bedeutet, ständig bewusste Entscheidungen zu treffen, was mental erschöpfend ist.
4. **Sie wird von Emotionen beeinflusst**: Negative Gefühle können selbst die stärkste Motivation vorübergehend aushebeln.
5. **Sie fokussiert auf Gefühle statt Ergebnisse**: Der Wunsch, sich "motiviert zu fühlen" kann ironischerweise vom eigentlichen Handeln ablenken.

Die Alternative: Systembasiertes Handeln

Was funktioniert besser als Motivation? Systeme.

Ein System ist ein Prozess oder eine Struktur, die unabhängig von Deinem momentanen Motivationslevel funktioniert. Beispiele für Anti-Prokrastinations-Systeme sind:

- **Automatisierte Umgebungen**: Ein Arbeitsplatz, der frei von Ablenkungen ist
- **Zeitblöcke**: Fest im Kalender reservierte Zeiten für bestimmte Aktivitäten
- **Soziale Verbindlichkeit**: Vereinbarungen mit anderen, die unabhängig von Deiner Motivation Konsequenzen haben
- **Gewohnheiten**: Automatisierte Verhaltensweisen, die ohne bewusste Motivation ablaufen
- **Implementierungsabsichten**: Vordefinierte "Wenn-Dann"-Pläne für bestimmte Situationen

Der entscheidende Unterschied: Systeme funktionieren auch dann, wenn Du Dich nicht danach fühlst.

Wie Du Dich vom Motivationsdogma befreist

1. **Akzeptiere die Fluktuation**: Verstehe, dass schwankende Motivation normal ist – nicht ein Zeichen persönlichen Versagens.
2. **Baue "Motivations-Unabhängigkeit" auf**: Identifiziere Bereiche, in denen Du bereits ohne spezielle Motivation handelst (z.B. Zähneputzen), und übertrage diese Prinzipien.
3. **Entscheide im Voraus**: Treffe Entscheidungen in motivierten Momenten für die unmotivierten. Beispiel: Lege im Voraus fest, dass Du jeden Morgen 20 Minuten an Deinem Buch arbeitest – unabhängig davon, wie Du Dich fühlst.
4. **Eliminiere Optionen**: Beschränke die Anzahl der Entscheidungen, die Du treffen musst. Steve Jobs trug jeden Tag ähnliche Kleidung, um "Entscheidungsmüdigkeit" zu reduzieren.
5. **Pflege einen "Process Focus"**: Konzentriere Dich auf den Prozess (z.B. "Ich schreibe 20 Minuten") statt auf das Ergebnis (z.B. "Ich schreibe ein großartiges Kapitel").

Der Motivationsmythos verspricht ein gutes Gefühl auf dem Weg zum Erfolg. Die systembasierte Realität verspricht Erfolg – egal, wie Du Dich dabei fühlst. Und interessanterweise: Wenn Du aufhörst, auf Motivation zu warten und stattdessen einfach handelst, stellt sich die Motivation oft von selbst ein.

Denk daran: Die produktivsten Menschen der Welt sind nicht diejenigen mit der höchsten durchschnittlichen Motivation – sondern diejenigen, die trotz fehlender Motivation handeln können.

Warum Disziplin ein Märchen ist (und was stattdessen funktioniert)

"Du brauchst einfach mehr Disziplin!" – dieser Rat ist fast so alt wie die Menschheit selbst. Und fast genauso nutzlos für chronische Prokrastinierer. Warum? Weil das Konzept der "Disziplin" als charakterliche Eigenschaft, die man entweder hat oder nicht hat, ein Märchen ist – eine vereinfachte Erklärung, die mehr schadet als hilft.

Das Disziplin-Märchen entschlüsselt

Die traditionelle Sichtweise auf Disziplin lautet etwa so: Manche Menschen besitzen eine innere Kraft namens "Disziplin", die es ihnen ermöglicht, konsequent zu handeln, egal wie sie sich fühlen. Diese Disziplin ist eine Art Charakterstärke, die man entweder hat oder nicht – oder die man durch schiere Willenskraft aufbauen kann.

Diese Sichtweise hat mehrere fundamentale Probleme:

1. **Sie ignoriert neurowissenschaftliche Erkenntnisse** Die moderne Neurowissenschaft zeigt, dass konsistentes Verhalten weniger mit einer mysteriösen "Disziplin-Kraft" zu tun hat als mit neuronalen Bahnen, Belohnungssystemen und Umgebungsfaktoren.
2. **Sie übersieht individuelle Unterschiede** Genetik, Persönlichkeit, neurologische Unterschiede (wie ADHS), frühe Prägung und Trauma – all diese Faktoren beeinflussen unsere Fähigkeit zur Selbstregulation.
3. **Sie führt zu Selbstabwertung** Wenn wir glauben, dass Disziplin eine angeborene Tugend ist, fühlen wir uns moralisch minderwertig, wenn wir prokrastinieren.
4. **Sie ist zirkulär und nicht erklärend** "Warum ist diese Person produktiv?" - "Weil sie diszipliniert ist." - "Woher weißt du, dass sie diszipliniert ist?" - "Weil sie produktiv ist." Dieses Argument dreht sich im Kreis.

5. **Sie unterschätzt externe Faktoren** Die Disziplin-Erzählung überbetont innere Faktoren und unterschätzt massiv den Einfluss von Umgebung, sozialen Strukturen und Systemdesign.

Was die Wissenschaft stattdessen zeigt

Die moderne Psychologie und Verhaltensforschung bietet ein differenzierteres Bild:

1. **Gewohnheiten statt Disziplin** Menschen, die scheinbar "diszipliniert" sind, verlassen sich tatsächlich meist auf gut etablierte Gewohnheiten, die wenig bewusste Kontrolle erfordern.
2. **Umgebungsdesign statt Willenskraft** Erfolgreiche Menschen gestalten ihre Umgebung so, dass sie gute Entscheidungen erleichtert und schlechte erschwert – anstatt ständig gegen Versuchungen anzukämpfen.
3. **Identitätsbasierte Veränderung** Langfristige Verhaltensänderung basiert oft auf Identitätsverschiebungen ("Ich bin ein Läufer") statt auf Zwang ("Ich muss mich zum Laufen zwingen").
4. **Mikrohandlungen statt Heldenepik** Kontinuierliche kleine Schritte erzeugen mehr langfristigen Wandel als dramatische, willensgetriebene Anstrengungen.
5. **Erholungszyklen statt Durchhalteparolen** Nachhaltige Produktivität basiert auf rhythmischen Zyklen von Anstrengung und Erholung, nicht auf ununterbrochener "Disziplin".

Die besseren Alternativen zur "Disziplin"

Wenn Disziplin ein Märchen ist – was funktioniert stattdessen? Hier sind praktische Alternativen:

1. Gewohnheitsdesign statt Willenskampf Statt Dich jeden Tag neu zum Handeln zu zwingen, baue Gewohnheiten auf, die automatisch ablaufen. Schlüsselelemente:

- Starte mit winzigen Gewohnheiten (Ein Push-up statt einer Stunde Training)
- Verknüpfe neue mit bestehenden Gewohnheiten (Habit Stacking)
- Fokussiere auf Konsistenz statt Intensität

2. Umgebungstrigger statt innerer Antrieb Gestalte Deine Umgebung so, dass sie produktives Verhalten auslöst:

- Platziere visuelle Erinnerungen an strategischen Orten
- Eliminiere Ablenkungstrigger (Handy in einem anderen Raum)
- Nutze "Temptation Bundling" (Lieblingsserie nur beim Bügeln schauen)

3. Soziale Architektur statt Einzelkampf Nutze die Kraft sozialer Bindungen:

- Finde einen Accountability-Partner
- Tritt einer Gemeinschaft mit ähnlichen Zielen bei
- Mache öffentliche Verpflichtungen
- Arbeite an einem öffentlichen Ort

4. Implementierungsabsichten statt vager Vorsätze Formuliere konkrete "Wenn-Dann"-Pläne für verschiedene Situationen: "Wenn ich von der Arbeit nach Hause komme, dann ziehe ich sofort meine Laufschuhe an." "Wenn ich das Verlangen habe, Social Media zu checken, dann trinke ich zuerst ein Glas Wasser."

5. Identitätsrevision statt Verhaltenskontrolle Arbeite an Deinem Selbstbild statt an einzelnen Verhaltensweisen:

- Frage Dich: "Was würde eine nicht-prokrastinierende Person in dieser Situation tun?"
- Sammle Beweise für Deine neue Identität (führe ein "Erfolgs-Tagebuch")
- Verwende identitätsbasierte Affirmationen ("Ich bin jemand, der seine Verpflichtungen einhält")

6. Energiemanagement statt Zeitmanagement Verstehe und respektiere Deine Energiezyklen:

- Plane anspruchsvolle Aufgaben für Hochenergiephasen
- Nutze Niederenergiephasen für administrative oder kreative Arbeit
- Priorisiere Schlaf, Ernährung und Bewegung als Grundlagen produktiver Energie

7. Strukturierte Flexibilität statt rigider Kontrolle Entwickle adaptives Verhalten statt starrer "Disziplin":

- Schaffe robuste Routinen mit eingebauten Anpassungsmöglichkeiten
- Plane Rückschläge ein und habe Strategien für ihre Bewältigung
- Praktiziere "Mikroresilienz" – die Fähigkeit, nach kleinen Unterbrechungen schnell zurückzufinden

Der Kern der Sache ist: "Disziplinierte" Menschen kämpfen nicht ständig mit sich selbst. Sie haben Systeme geschaffen, die produktives Verhalten automatisieren, Ablenkungen minimieren und ihre natürlichen Energiezyklen respektieren.

Wenn Du aufhörst, an das Märchen der Disziplin zu glauben, und stattdessen anfängst, diese evidenzbasierten Alternativen zu implementieren, wirst Du feststellen: Du brauchst keine übermenschliche Willenskraft. Du brauchst nur bessere Systeme.

Automatisierung: Lass die Maschinen für Dich prokrastinieren

Wir leben in einem Zeitalter der Automatisierung – warum nutzen wir diese Macht nicht auch im Kampf gegen die Prokrastination? Die Technologie, die uns oft ablenkt, kann auch unser mächtigster Verbündeter sein, wenn es darum geht, Aufschieberitis zu bekämpfen.

Der Kerngedanke: Jede Entscheidung, die Du nicht treffen musst, ist eine Gelegenheit weniger zum Prokrastinieren. Wenn Du Prozesse automatisierst, eliminierst Du die Entscheidungspunkte, an denen Prokrastination typischerweise einsetzt.

Warum Automatisierung gegen Prokrastination wirkt:

1. **Sie umgeht den inneren Dialog** Automatisierte Prozesse laufen ohne die typischen inneren Verhandlungen ab ("Sollte ich jetzt wirklich anfangen?").
2. **Sie reduziert kognitive Belastung** Jede Entscheidung verbraucht mentale Energie. Automatisierung spart diese Energie für wichtige Aufgaben.
3. **Sie schafft Konsistenz** Automatisierte Prozesse laufen unabhängig von Deiner Stimmung, Motivation oder Energie ab.
4. **Sie nutzt die Trägheit zu Deinem Vorteil** Wenn der Standardmodus "Handeln" ist, wird Nicht-Handeln zur aktiven Entscheidung – eine Umkehrung des üblichen Prokrastinationsmusters.

Bereiche für produktivitätssteigernde Automatisierung:

1. Digitale Arbeitsumgebung

E-Mail-Automatisierung:

- Richte Filter ein, die eingehende Emails automatisch kategorisieren
- Nutze Tools wie Boomerang oder Followup.cc für automatische Erinnerungen
- Erstelle Textbausteine für häufige Antworten
- Plane feste E-Mail-Bearbeitungszeiten mit Kalenderblockierung

Dateimanagement:

- Implementiere automatische Backup-Lösungen
- Nutze Tools zur automatischen Dateiorganisation (Hazel für Mac, DropIt für Windows)
- Richte Cloud-Synchronisierung ein, um geräteübergreifend arbeiten zu können

Benachrichtigungsmanagement:

- Automatisiere "Nicht stören"-Zeiten auf allen Geräten
- Nutze Tools wie Freedom oder Cold Turkey, um zu bestimmten Zeiten Ablenkungen zu blocken
- Konfiguriere automatische Arbeits- und Pausenmodi auf Deinen Geräten

2. Projektmanagement und Aufgabenorganisation

Task-Automatisierung:

- Nutze Zapier oder IFTTT, um Aufgaben automatisch zwischen Apps zu übertragen
- Richte wiederkehrende Aufgaben in Deinem Task-Manager ein
- Automatisiere die Priorisierung von Aufgaben nach Deadline oder Wichtigkeit

Projektplanung:

- Verwende Vorlagen für ähnliche Projekte
- Automatisiere Projekt-Checkpoints und Meilenstein-Benachrichtigungen
- Nutze automatische Zeiterfassung für besseres Zeitmanagement

3. Finanz- und Administrationsaufgaben

Finanzautomatisierung:

- Richte Daueraufträge für regelmäßige Zahlungen ein
- Automatisiere Sparpläne und Investitionen
- Nutze Tools wie Mint oder YNAB für automatisches Ausgabentracking

Administrative Automatisierung:

- Abonniere wichtige Dienste, anstatt sie manuell zu erneuern
- Richte automatische Scans und Archivierung wichtiger Dokumente ein
- Nutze Dienste für regelmäßige, automatische Bestellungen (Amazon Subscribe & Save)

4. Gewohnheitsbildung und Selbstmanagement

Erinnerungsautomatisierung:

- Nutze Apps wie Habitica oder Streaks für automatische Gewohnheitstracker
- Richte standortbasierte Erinnerungen ein (z.B. Einkaufsliste, wenn Du den Supermarkt betrittst)
- Verwende Timer-Apps für Arbeit und Pausen

Gesundheitsautomatisierung:

- Programmiere Erinnerungen für Bewegungspausen
- Nutze Smart-Home-Geräte für automatisches Dimmen des Lichts am Abend
- Verwende Schlaf-Tracking-Apps für optimale Weckzeiten

5. Kommunikation und soziale Verpflichtungen

Kommunikationsautomatisierung:

- Plane wichtige Posts und Nachrichten im Voraus
- Nutze Textexpander für häufig verwendete Phrasen
- Automatisiere Geburtstagsgrüße und wichtige Jubiläen

Soziale Automatisierung:

- Verwende Doodle oder ähnliche Tools für automatische Terminkoordination
- Richte automatische Kalenderteilung für bessere Zusammenarbeit ein
- Nutze Services wie Calendly für einfache Terminvereinbarungen ohne Hin-und-Her

Das Energieprinzip Die physische Umgebung beeinflusst Deine Energie und Stimmung. Beispiele:

- Natürliches Licht für bessere Konzentration nutzen
- Lüften für Sauerstoffzufuhr
- Temperatur optimal einstellen (zu warm = schläfrig)
- Pflanzen für bessere Luftqualität und Wohlbefinden aufstellen

Konkrete Umgebungsdesign-Strategien für Prokrastinierer:

Der Digital Detox Workspace

- Handy in einen anderen Raum legen
- WLAN-Router mit Zeitschaltuhr versehen
- Browser-Erweiterungen wie "StayFocusd" oder "Freedom" installieren
- Second-Screen entfernen (weniger Bildschirme = weniger Ablenkung)
- Benachrichtigungen global ausschalten
- E-Mail-Client nur zu bestimmten Zeiten öffnen

Der Fokus-Booster Workspace

- Noise-Cancelling Kopfhörer bereitstellen
- Fokus-Playlists vorbereiten (z.B. instrumentale Musik)
- Physischen Timer sichtbar platzieren
- "Nicht stören"-Schild aufstellen
- Nur die für die aktuelle Aufgabe notwendigen Unterlagen auf dem Schreibtisch lassen
- Trinken und kleine Snacks bereitstellen (um Unterbrechungen zu minimieren)

Der produktive Rückzugsort

- Einen Ort ausschließlich für fokussierte Arbeit definieren
- Alternativ: Ortswechsel für wichtige Aufgaben (Bibliothek, Café)
- Klare physische Grenzen zwischen Arbeits- und Entspannungsbereichen ziehen
- Ablenkungsfreie Zonen in der Wohnung/im Büro einrichten

Das Anti-Grübel-Setup

- Papier und Stift für ablenkende Gedanken bereithalten
- Whiteboard für visuelle Planung und Gedankenklärung nutzen
- "Später-Liste" für aufkommende, nicht relevante Ideen vorbereiten
- Mindfulness-Elemente (Sanduhr, Klangschale, Atemübungskarte) platzieren

Der entscheidende Punkt: Es geht nicht darum, eine "perfekte" Arbeitsumgebung zu schaffen – sondern eine, die DEINE spezifischen Prokrastinationstrigger berücksichtigt. Beobachte Dich selbst: Wodurch wirst Du am häufigsten abgelenkt? Was macht es Dir besonders schwer, anzufangen oder dranzubleiben?

- Schweift Dein Blick ständig zum Handy? Lege es in einen anderen Raum.
- Öffnest Du reflexartig Social Media? Installiere einen Website-Blocker.
- Stehst Du oft auf, um etwas zu holen? Bereite alles Nötige vorher vor.
- Lenkst Du Dich mit Aufräumen ab? Schaffe eine aufgeräumte Umgebung, bevor Du beginnst.

Denk daran: Die perfekte Umgebung zu schaffen, kann selbst zur Prokrastination werden! ("Ich muss erst mein Büro perfekt organisieren, bevor ich anfangen kann..."). Setze Dir ein Zeitlimit für die Umgebungsoptimierung – 10 Minuten sollten ausreichen, um die wichtigsten Ablenkungen zu eliminieren.

Ein letzter, aber entscheidender Tipp: Wechsle regelmäßig Deine Umgebung. Unser Gehirn gewöhnt sich an alles – auch an die beste Fokus-Umgebung. Durch gelegentliche Veränderungen (anderer Raum, andere Tageszeit, anderer Arbeitsplatz) kannst Du die Wirksamkeit Deines Umgebungsdesigns aufrechterhalten.

Die Kunst, sich selbst auszutricksen

Prokrastination ist oft ein raffiniertes Spiel, das Dein Gehirn mit Dir spielt. Die gute Nachricht: Du kannst zurückspielen! Die Kunst, sich selbst auszutricksen, ist eine der effektivsten Strategien gegen chronisches Aufschieben. Dabei nutzt Du psychologische Prinzipien, um Deinen inneren Schweinehund zu überlisten – anstatt ihn direkt zu bekämpfen.

Hier sind einige geniale Selbsttäuschungsstrategien für Prokrastinations-Profis:

1. Die Dummheit vortäuschen Sage Dir: "Ich schaue mir die Aufgabe nur an, ohne sie zu erledigen." Diese Methode nutzt die Tatsache, dass der Anfang das Schwierigste ist. Oft wirst Du feststellen, dass Du nach dem "Anschauen" einfach weitermachst.

2. Die Samy-Molcho-Methode Der berühmte Pantomime Samy Molcho beobachtete: Wenn der Körper sich bewegt, folgt der Geist. Die Methode: Beginne mit der physischen Bewegung, die zur Aufgabe gehört – nimm den Stift in die Hand, öffne das Dokument, zieh die Sportsachen an. Der Geist folgt oft automatisch.

3. Der Salami-Trick Eine große Aufgabe erscheint wie ein riesiger Berg. Die Lösung: Zerlege sie in so lächerlich kleine Scheiben, dass sie nicht mehr bedrohlich wirken. Nicht "Masterarbeit schreiben", sondern "Eine Überschrift formulieren".

4. Die Wette mit Dir selbst "Ich wette, ich schaffe es nicht, in den nächsten 10 Minuten 5 Absätze zu schreiben." Dein Gehirn reagiert oft mit: "Ach ja? Das werden wir ja sehen!" Ein kleiner Wettbewerb mit Dir selbst aktiviert Deinen Spieltrieb.

5. Die "Als ob"-Technik Tue so, als wärst Du eine hochproduktive Person. Wie würde diese Person Deine aktuelle Aufgabe angehen? Dieses "Method Acting" kann überraschend effektiv sein, weil es Dich aus Deiner gewohnten Prokrastinations-Identität herausholt.

6. Die Abwärts-Spirale Statt einer To-Do-Liste erstelle eine Done-Liste. Beginne mit etwas, das Du bereits erledigt hast, und schreibe es auf. Der sichtbare Fortschritt erzeugt ein Gefühl der Erfolgsspirale, die Du nicht unterbrechen willst.

7. Die 10 von 10 Methode Bewerte, wie viel Lust Du hast, eine Aufgabe zu erledigen, auf einer Skala von 1 bis 10. Ist der Wert unter 5? Dann mach etwas, das einen höheren Wert hat, aber dennoch produktiv ist. Diese Methode verhindert, dass Du komplett in die Prokrastination abrutschst.

8. Die Reverse Psychology Taktik Verbiete Dir selbst, an einer Aufgabe zu arbeiten. "Ich darf heute unter keinen Umständen an diesem Projekt arbeiten!" Unser Gehirn reagiert oft mit Reaktanz – dem Wunsch, genau das zu tun, was verboten ist.

9. Die Parkplatz-Methode Höre mitten in einer produktiven Phase auf und notiere genau, wo Du weitermachen würdest. Wenn Du das nächste Mal beginnst, hast Du einen klaren "Parkplatz", von dem aus Du starten kannst – viel leichter als bei einem Kaltstart.

10. Der Doppelgänger-Trick Schreibe Dir selbst eine E-Mail oder Nachricht mit Anweisungen, als würdest Du sie einer anderen Person schicken. Viele Menschen finden es leichter, Aufgaben für andere zu strukturieren als für sich selbst.

11. Die Öffentliche Verpflichtung Kündige öffentlich an, was Du bis wann erledigen wirst. Die Angst vor sozialer Beschämung ist ein starker Motivator. Bonus: Vereinbare eine unangenehme Konsequenz bei Nichteinhaltung (z.B. Geldspende an eine Organisation, die Du nicht unterstützen möchtest).

12. Die Lust-Brücke Verknüpfe die aufgeschobene Aufgabe mit etwas, das Du gerne tust. Beispiel: "Ich darf meinen Lieblingspodcast nur hören, während ich aufräume." Diese Strategie, auch bekannt als "Temptation Bundling", nutzt die Belohnungssysteme Deines Gehirns.

13. Die Katz-und-Maus Methode Wechsle zwischen verschiedenen Aufgaben, wenn Du bei einer festhängst. Unser Gehirn liebt Abwechslung. Oft kehrt die Motivation für die erste Aufgabe zurück, nachdem Du Dich kurz mit etwas anderem beschäftigt hast.

14. Die Münchhausen-Methode Baron von Münchhausen zog sich angeblich am eigenen Schopf aus dem Sumpf. Deine Version: Schaffe externe Zwänge, die Dich zur Produktion "zwingen". Beispiel: Vereinbare ein Treffen, bei dem Du Ergebnisse präsentieren musst.

Der Schlüssel bei allen diesen Methoden ist, sie spielerisch anzugehen. Sieh es als freundschaftliches Duell mit Dir selbst, nicht als erbitterten Kampf. Und wechsle die Strategien regelmäßig – Dein Gehirn durchschaut mit der Zeit jeden Trick!

Besonders clever: Kombiniere verschiedene Techniken. Die "Als-ob-Technik" plus "Öffentliche Verpflichtung" plus "Salami-Taktik" ergibt ein mächtiges Anti-Prokrastinations-Arsenal.

Und vergiss nicht, Dich für gelungene Selbstüberlistungen zu belohnen. Dein Gehirn lernt am besten durch positive Verstärkung – also feiere Deine kleinen Siege im Kampf gegen die Aufschieberitis!

Warum Deine To-Do-Liste Dein schlimmster Feind sein könnte

Sie sieht so unschuldig aus – die To-Do-Liste, dieses vermeintliche Produktivitätswerkzeug, das in jedem Zeitmanagement-Ratgeber empfohlen wird. Aber für viele Prokrastinierer ist sie mehr Fluch als Segen, mehr Hemmschuh als Hilfe. Warum? Weil schlecht gestaltete To-Do-Listen tatsächlich Prokrastination fördern können.

Warum traditionelle To-Do-Listen problematisch sein können:

1. Der Avalanche-Effekt Eine lange, unstrukturierte Liste von Aufgaben kann überwältigend wirken. Dein Gehirn registriert sie als einen riesigen Berg von Verpflichtungen und reagiert mit dem Wunsch, zu flüchten.

2. Das Dopamin-Defizit Unser Gehirn braucht regelmäßige Dopamin-Ausschüttungen, um motiviert zu bleiben. Lange Listen mit wenigen Abhak-Möglichkeiten bieten zu wenig Belohnung für zu viel Anstrengung.

3. Die Vagheits-Falle Einträge wie "Website aktualisieren" oder "Präsentation vorbereiten" sind zu unspezifisch. Sie definieren weder, was genau zu tun ist, noch wann die Aufgabe als erledigt gilt.

4. Der Prioritäten-Dschungel Wenn alle Aufgaben gleich aussehen, neigt unser Gehirn dazu, die einfachsten zuerst zu erledigen – unabhängig von ihrer Wichtigkeit (Parkinson'sches Gesetz der Trivialität).

5. Die Deadline-Verwirrung Ohne klare zeitliche Einordnung werden wichtige Aufgaben oft bis zur letzten Minute aufgeschoben.

6. Die Illusion der Produktion Manchmal erzeugt das bloße Erstellen einer To-Do-Liste ein falsches Gefühl der Produktivität – als hätte man schon etwas erreicht, obwohl man nur eine Liste geschrieben hat.

7. Der psychologische Übertragungseffekt Unerledigte Aufgaben auf einer Liste erzeugen kognitive Belastung (Zeigarnik-Effekt), die sich negativ auf die aktuelle Konzentration auswirkt.

Die Lösung? Nicht die Abschaffung von Listen, sondern ihre Neugestaltung!

Hier sind Alternativen und Verbesserungen zur klassischen To-Do-Liste:

Die 1-3-5-Liste Anstatt einer endlosen Aufgabenkette planst Du pro Tag:

- 1 große Aufgabe
- 3 mittlere Aufgaben
- 5 kleine Aufgaben Diese Struktur verhindert Überforderung und schafft Klarheit über Prioritäten.

Die MIT-Methode (Most Important Tasks) Identifiziere jeden Morgen die 1-3 wichtigsten Aufgaben des Tages – diejenigen, die den größten Einfluss haben werden. Konzentriere Dich nur auf diese, bis sie erledigt sind.

Die "Nächste physische Handlung"-Liste Anstatt vage Projekte aufzulisten ("Steuererklärung machen"), notiere die konkrete nächste Handlung ("Steuerformular herunterladen"). Diese Methode aus dem Getting Things Done-System senkt die Einstiegshürde dramatisch.

Die Zeitblock-Methode Wandle Deine To-Do-Liste in Kalendereinträge um. Plane nicht nur, WAS Du tun wirst, sondern auch WANN und WIE LANGE. Diese Methode konfrontiert Dich mit der Realität der verfügbaren Zeit.

Die Eisenhower-Matrix Teile Aufgaben in vier Kategorien ein:

1. Wichtig und dringend → Sofort erledigen
2. Wichtig, aber nicht dringend → Einplanen
3. Nicht wichtig, aber dringend → Delegieren
4. Weder wichtig noch dringend → Eliminieren Diese visuelle Methode verhindert, dass Du Dich in Dringlichkeiten verlierst und das wirklich Wichtige vernachlässigst.

Die Kanban-Methode Teile Deine Arbeit in drei Spalten: "Zu tun", "In Arbeit" und "Erledigt". Limitiere die Anzahl der Aufgaben in "In Arbeit" auf maximal drei. Diese Methode verhindert, dass Du zu viel gleichzeitig anfängst.

Die Checkbox-plus-Kreis-Methode Aufgaben, die Du selbst erledigen musst, bekommen eine Checkbox. Aufgaben, auf die Du wartest oder die andere erledigen müssen, bekommen einen Kreis. Diese visuelle Unterscheidung hilft, den Überblick zu behalten und unnötige Sorgen zu vermeiden.

Die "Don't-Do"-Liste Manchmal ist es effektiver, aufzuschreiben, was Du NICHT tun wirst, um Dich auf das Wesentliche zu konzentrieren. Diese Methode ist besonders wirksam gegen Perfektionismus und Überengagement.

Weitere To-Do-Listen-Optimierungen für Prokrastinierer:

- **Füge Kontext hinzu**: Markiere, ob eine Aufgabe Energie kostet oder gibt, ob sie hohe Konzentration erfordert oder auch bei Müdigkeit machbar ist.

- **Setze Zeitschätzungen**: Notiere bei jeder Aufgabe, wie lange sie vermutlich dauern wird. Dies verhindert unrealistische Planung.
- **Implementiere eine "Vielleicht"-Liste**: Halte Ideen und optionale Aufgaben separat von Verpflichtungen.
- **Nutze die 2-Minuten-Regel**: Aufgaben, die weniger als 2 Minuten dauern, werden sofort erledigt, nicht auf die Liste gesetzt.
- **Plane Überprüfungen ein**: Reserviere Zeit, um Deine Listen zu pflegen und zu aktualisieren.
- **Verwende Belohnungen**: Markiere besonders unangenehme Aufgaben mit einem Stern und belohne Dich, wenn Du sie erledigst.

Die perfekte To-Do-Liste gibt es nicht – es geht darum, ein System zu finden, das zu Deinem Gehirn und Deinen spezifischen Prokrastinationsmustern passt. Experimentiere mit verschiedenen Formaten und achte darauf, was funktioniert und was nicht.

Und das Wichtigste: Eine To-Do-Liste ist nur ein Werkzeug, kein Zauberstab. Sie kann Deine Arbeit organisieren, aber nicht für Dich erledigen. Am Ende bleibt die wichtigste Frage nicht "Was steht auf meiner Liste?", sondern "Woran arbeite ich JETZT?"

Fortgeschrittene Automatisierungsstrategien für Prokrastinations-Profis:

Die "Willensvoraus"-Strategie Treffe Entscheidungen in Deinen besten Momenten für Deine schwächeren Momente:

- Konfiguriere Website-Blocker, die sich zu bestimmten Zeiten automatisch aktivieren
- Stelle Dein WLAN so ein, dass es zu festen Zeiten aus- und wieder einschaltet

- Richte Dein Smartphone ein, sodass es nachts automatisch in den "Nicht stören"-Modus wechselt

Die "Anti-Entscheidungs"-Strategie Eliminiere wiederkehrende Entscheidungen vollständig:

- Plane Mahlzeiten für die ganze Woche im Voraus
- Bereite Arbeitsoutfits für die Woche vor (der "Steve Jobs"-Ansatz)
- Erstelle automatisierte Einkaufslisten basierend auf Deinem typischen Verbrauch

Die "Friktions-Manipulation"-Strategie Erhöhe den Aufwand für prokrastinationsfördernde Aktivitäten:

- Nutze Apps wie AppDetox, die Dich zwingen, komplizierte mathematische Aufgaben zu lösen, bevor Du ablenkende Apps öffnen kannst
- Entferne Social-Media-Apps vom Homescreen und deaktiviere automatische Anmeldung
- Verwende separate Browser für Arbeit und Freizeit mit unterschiedlichen Konfigurationen

Tipps zur erfolgreichen Implementierung von Automatisierungssystemen:

1. **Starte klein** Beginne mit der Automatisierung eines einzelnen, wiederkehrenden Prozesses. Sobald dieser läuft, gehe zum nächsten über.
2. **Beachte das Pareto-Prinzip** Konzentriere Dich auf die 20% der Automatisierungen, die 80% Deiner Prokrastination eliminieren könnten.
3. **Investiere Zeit** Die anfängliche Einrichtung von Automatisierungen kostet Zeit – betrachte sie als Investition, nicht als Aufwand.

4. **Überprüfe und passe an** Evaluiere regelmäßig, welche Automatisierungen funktionieren und welche angepasst werden müssen.
5. **Vermeide Überautomatisierung** Nicht alles sollte automatisiert werden. Manche Prozesse profitieren von bewusster Aufmerksamkeit.

Denk daran: Das Ziel der Automatisierung ist nicht, Dich zu einem Roboter zu machen, sondern die Anzahl der Momente zu reduzieren, in denen Du aktiv gegen Prokrastination kämpfen musst. Die beste Automatisierung ist die, die Du nicht einmal bemerkst – sie sorgt einfach dafür, dass die Dinge erledigt werden, während Dein Gehirn sich auf das konzentrieren kann, was wirklich wichtig ist.

Wie Du andere als Produktivitäts-Geiseln nutzt

Prokrastination wird oft als einsames Laster betrachtet – etwas, das wir allein im Kampf mit uns selbst überwinden müssen. Aber diese Sichtweise ignoriert eine mächtige Ressource: andere Menschen. In diesem Abschnitt lernst Du, wie Du soziale Dynamiken nutzen kannst, um Deine Prokrastinationsneigung zu überwinden – oder, etwas dramatischer ausgedrückt, wie Du andere Menschen als "Produktivitäts-Geiseln" einsetzen kannst.

Warum soziale Strategien so wirksam sind

Menschen sind von Natur aus soziale Wesen. Unser Gehirn ist darauf programmiert, soziale Anerkennung zu suchen und soziale Missbilligung zu vermeiden. Diese tiefverwurzelte Tendenz kann ein mächtiges Werkzeug gegen Prokrastination sein:

1. **Soziale Verpflichtung ist stärker als Selbstverpflichtung** Wir brechen Versprechen an uns selbst viel leichter als Versprechen an andere.
2. **Angst vor Beschämung ist ein starker Motivator** Die Sorge, vor anderen als unzuverlässig oder inkompetent dazustehen, kann lähmende Prokrastination überwinden.
3. **Positive soziale Verstärkung wirkt motivierend** Lob und Anerkennung von anderen aktivieren Belohnungszentren im Gehirn und fördern die Wiederholung von Verhalten.
4. **Soziale Spiegelung beeinflusst unser Verhalten** Wir neigen dazu, das Verhalten der Menschen um uns herum zu imitieren und zu spiegeln.

Praktische Strategien zur sozialen Anti-Prokrastination

1. Die öffentliche Verpflichtung Kündige öffentlich an, was Du bis wann erreichen wirst. Die Spezifität ist hier entscheidend – "Ich werde bis Freitag das erste Kapitel meines Buches fertigstellen" ist besser als "Ich werde mehr schreiben".

Umsetzungsmöglichkeiten:

- Social-Media-Ankündigungen mit konkreten Zielen
- Familientreffen oder Team-Meetings nutzen, um Verpflichtungen einzugehen
- Eine "Commitment Wall" am Arbeitsplatz oder zu Hause einrichten
- StickK.com oder ähnliche Plattformen nutzen, um Geld auf Deine Ziele zu setzen

2. Der Accountability-Partner Finde jemanden, mit dem Du regelmäßig Fortschritte teilst und der Dich zur Verantwortung zieht. Dies kann ein Freund, Kollege oder sogar ein professioneller Coach sein.

Tipps für die Auswahl und Arbeit mit einem Accountability-Partner:

- Wähle jemanden, der Deine Ausreden durchschaut
- Vereinbare klare Check-in-Zeiten und -Formate
- Definiere Konsequenzen für nicht eingehaltene Verpflichtungen
- Bevorzuge jemanden mit ähnlichen oder komplementären Zielen
- Überlege Dir ein Belohnungssystem für gegenseitige Erfolge

3. Die "Body Double"-Methode Diese Technik funktioniert überraschend gut: Arbeite einfach in Anwesenheit einer anderen

Person. Die bloße Anwesenheit einer anderen Person kann fokussiertes Arbeiten fördern.

Anwendungsmöglichkeiten:

- Gemeinsame Arbeit in einem Café oder Co-Working-Space
- Virtuelle "Body Double"-Sessions über Videochat
- "Focusmate" oder ähnliche Dienste nutzen, die Dich mit Fremden für Arbeitssessions verbinden
- Stille Arbeitsgruppen bilden (jeder arbeitet an eigenen Projekten, aber gemeinsam)

4. Die soziale Wettbewerbsstrategie Nutze den menschlichen Wettbewerbsgeist, um Prokrastination zu bekämpfen.

Implementierungsideen:

- Führe ein öffentliches Fortschrittstracking mit Kollegen ein
- Tritt einer Challenge-Gruppe mit ähnlichen Zielen bei
- Nutze Apps wie Habitica, die Produktivität in ein soziales Spiel verwandeln
- Vereinbare freundschaftliche Wetten mit Kollegen über Produktivitätsziele

5. Die "Geisel-Strategie" Gib jemandem etwas Wertvolles, das Du nur zurückbekommst, wenn Du Deine Aufgabe erledigst. Das kann Geld, ein geschätzter Besitz oder ein Privileg sein.

Varianten:

- Gib einem Freund 100 Euro mit der Anweisung, sie nur zurückzugeben, wenn Du Dein Ziel erreichst
- Übergebe Deinen Streaming-Dienst-Passwörter an einen Vertrauten, bis die Aufgabe erledigt ist

- Vereinbare, dass Du ein unangenehmes Ereignis (z.B. eine Spende an eine Organisation, die Du nicht unterstützt) vermeiden kannst, indem Du Deine Verpflichtung einhältst

6. Die "Teaching Commitment"-Technik Verpflichte Dich, jemandem etwas beizubringen oder zu präsentieren, was Du erst noch lernen oder erstellen musst.

Einsatzmöglichkeiten:

- Biete an, bei der nächsten Team-Besprechung ein bestimmtes Thema zu präsentieren
- Vereinbare einen "Unterrichtstermin" mit einem Freund oder Kollegen
- Melde Dich für eine Präsentation oder einen Workshop an

7. Die Partner-Produktivitäts-Technik Arbeite mit jemandem zusammen, der von Deiner Produktivität direkt profitiert.

Implementierungsformen:

- Finde einen Tandem-Partner für ein Projekt
- Vereinbare gegenseitige Hilfe bei individuellen Projekten
- Etabliere ein Mentor-Schüler-Verhältnis

Potenzielle Fallstricke sozialer Strategien und wie man sie vermeidet:

Das Abhängigkeitsproblem Wenn Du zu stark von externer Motivation abhängig wirst, kannst Du Schwierigkeiten haben, ohne sie zu arbeiten. Lösung: Kombiniere soziale Strategien mit der Entwicklung intrinsischer Motivation und automatisierter Gewohnheiten.

Die Ausreden-Eskalation Je mehr Druck von außen kommt, desto kreativer werden manchmal unsere Ausreden. Lösung: Wähle Accountability-Partner, die Deine typischen Ausreden kennen und durchschauen.

Der soziale Prokrastinations-Effekt Manchmal kann soziale Interaktion selbst zur Prokrastination führen. Lösung: Setze klare Grenzen und definiere präzise, wie und wann soziale Interaktion stattfindet.

Die richtige Balance

Der Schlüssel zur erfolgreichen Nutzung sozialer Strategien gegen Prokrastination liegt in der Balance. Zu viel externe Kontrolle kann Widerstand erzeugen, zu wenig macht die Strategie unwirksam. Experimentiere mit verschiedenen Ansätzen, um herauszufinden, welcher Grad an sozialer Einbindung für Dich optimal ist.

Denk daran: Es geht nicht darum, andere zu manipulieren oder auszunutzen, sondern darum, die natürlichen sozialen Dynamiken zu nutzen, die uns seit Tausenden von Jahren motivieren. Du arbeitest mit Deiner sozialen Natur, nicht gegen sie.

Accountability-Partner: Freundschaften, die wirklich wehtun können

Die Idee klingt einfach: Finde jemanden, der Dich zur Verantwortung zieht, wenn Du prokrastinierst. Aber ein effektiver Accountability-Partner ist weit mehr als nur jemand, der gelegentlich nachfragt, wie es läuft. Es ist eine besondere Art von Beziehung, die – wenn sie richtig gestaltet ist – zu den wirksamsten Waffen gegen chronische Prokrastination gehören kann.

Was einen großartigen Accountability-Partner ausmacht

Ein idealer Accountability-Partner ist:

1. **Ehrlich, aber wohlwollend** Er muss bereit sein, Dir unbequeme Wahrheiten zu sagen, aber aus einem Ort der Unterstützung heraus, nicht der Verurteilung.
2. **Konsequent und zuverlässig** Ein Partner, der selbst unzuverlässig ist oder vergisst nachzufragen, verstärkt möglicherweise Deine eigenen Prokrastinationstendenzen.
3. **Verständnisvoll, aber nicht leichtgläubig** Er sollte die Komplexität von Prokrastination verstehen, aber nicht auf jede Ausrede hereinfallen.
4. **Strukturiert und organisiert** Ein effektives Accountability-System erfordert Regelmäßigkeit und klare Strukturen.
5. **Nicht zu eng verbunden mit dem Projekt** Manchmal können Partner, Familienmitglieder oder enge Freunde zu emotional involviert sein, was die Dynamik komplizieren kann.

Arten von Accountability-Partnerschaften

Es gibt verschiedene Modelle, die je nach Persönlichkeit und Bedürfnissen funktionieren können:

Das Peer-Modell Zwei Personen mit ähnlichen Zielen oder Herausforderungen unterstützen sich gegenseitig. Vorteile: Gegenseitiges Verständnis, Reziprozität, geteilte Motivation.

Das Mentor-Modell Jemand mit mehr Erfahrung oder Erfolg auf Deinem Gebiet wird Dein Accountability-Partner. Vorteile: Lernen von Erfahrung, Zugang zu bewährten Strategien, Inspiration.

Das Coach-Modell Ein professioneller Coach oder Berater wird engagiert, um Dich zur Verantwortung zu ziehen. Vorteile: Objektivität, professionelle Distanz, spezialisiertes Wissen.

Das Gruppen-Modell Eine Gruppe von 3-6 Personen, die sich regelmäßig treffen, um Fortschritte zu besprechen. Vorteile: Vielfältige Perspektiven, stärkerer sozialer Druck, größeres Support-Netzwerk.

Die richtigen Parameter für eine erfolgreiche Accountability-Partnerschaft

Um das volle Potenzial einer Accountability-Partnerschaft auszuschöpfen, sollten folgende Elemente klar definiert werden:

1. Präzise Ziele und Messgrößen "Ich will produktiver sein" ist zu vage. "Ich werde jeden Montag, Mittwoch und Freitag von 8-10 Uhr an meiner Dissertation arbeiten" ist spezifisch und überprüfbar.

2. Klare Check-in-Struktur Definiere genau, wie und wann ihr kommuniziert:

- Regelmäßige Treffen (persönlich oder virtuell)
- Tägliche/wöchentliche Text-Updates
- Gemeinsame Fortschrittsdokumente
- Automatisierte Tracking-Tools mit geteilten Dashboards

3. Wohlüberlegte Konsequenzen Vereinbart im Voraus, was passiert, wenn Verpflichtungen nicht eingehalten werden:

- Monetäre Konsequenzen (z.B. 20€ in die gemeinsame Kasse)
- Soziale Konsequenzen (z.B. eine peinliche Geschichte auf Social Media teilen)
- Lernorientierte Konsequenzen (z.B. eine detaillierte Analyse schreiben, warum das Ziel verfehlt wurde)
- Positive Konsequenzen für Erfolge (z.B. gemeinsames Belohnungsessen)

4. Kommunikationsregeln Legt fest, wie ihr kommuniziert:

- Wie direkt darf Feedback sein?
- Welche Ausreden sind akzeptabel, welche nicht?
- Wie wird mit Widerstand umgegangen?
- Wie werden Konflikte gelöst?

5. Zeitrahmen und Evaluierung Definiert, wie lange die Partnerschaft dauern soll und wie ihr den Erfolg messen werdet:

- Anfängliche Testphase (z.B. 30 Tage)
- Regelmäßige Bewertung der Partnerschaft selbst
- Klare Kriterien für Erfolg und Anpassung

Die Psychologie hinter wirksamer Accountability

Warum funktionieren solche Partnerschaften? Sie aktivieren mehrere psychologische Mechanismen:

Präkommitment Du verpflichtest Dich im Voraus zu einer Handlung, was die Wahrscheinlichkeit der Umsetzung erhöht.

Soziale Verstärkung Lob und Anerkennung von Deinem Partner verstärken positives Verhalten.

Verlustaversion Die Angst, vor Deinem Partner als unzuverlässig dazustehen, motiviert zum Handeln.

Konsistenzprinzip Wir streben danach, konsistent mit unseren öffentlichen Verpflichtungen zu handeln.

Häufige Herausforderungen und ihre Lösungen

Problem: Dein Partner ist zu nachsichtig Lösung: Vereinbart im Voraus spezifische Konsequenzen, die automatisch eintreten, ohne dass der Partner "hart" sein muss.

Problem: Die Motivation lässt mit der Zeit nach Lösung: Baut regelmäßige "Partnerschaftsreviews" ein und variiert die Formate, um sie frisch zu halten.

Problem: Du wirst abhängig von der externen Rechenschaftspflicht Lösung: Integriere schrittweise mehr Selbstrechenschaftstechniken und reduziere langsam die externe Kontrolle.

Problem: Konflikte entstehen durch unterschiedliche Erwartungen Lösung: Dokumentiere alle Vereinbarungen schriftlich und überprüfe sie regelmäßig gemeinsam.

Digitale Tools für Accountability-Partnerschaften

Die Technologie bietet zahlreiche Möglichkeiten, Accountability-Partnerschaften zu unterstützen:

- **Habit-Tracking-Apps mit Sharing-Funktion** wie Habitshare oder Strides
- **Projektmanagement-Tools** wie Trello oder Asana für gemeinsames Fortschrittstracking
- **Videoanruf-Plattformen** mit Screen-Sharing für effektive Check-ins
- **Gemeinsame Dokumente** in Google Docs oder Notion für Fortschrittsprotokolle

Eine gut gestaltete Accountability-Partnerschaft kann tatsächlich "wehtun" – sie konfrontiert Dich mit der Realität Deines Verhaltens und lässt keine bequemen Ausreden zu. Aber genau dieser "produktive Schmerz" macht sie so wirksam gegen chronische

Prokrastination. Das kurzfristige Unbehagen führt zu langfristiger Produktivität und Zufriedenheit.

Denk daran: Der ideale Accountability-Partner ist nicht derjenige, der am nettesten zu Dir ist, sondern derjenige, der Dir hilft, die beste Version Deiner selbst zu werden – selbst wenn der Weg dorthin manchmal unbequem ist.

Die Kunst, "Nein" zu sagen (zu allem außer Netflix)

"Nein" zu sagen ist eine der mächtigsten Anti-Prokrastinations-Strategien – und gleichzeitig eine der am meisten vernachlässigten. Ironischerweise fällt es vielen Prokrastinierern leicht, "Nein" zu wichtigen Aufgaben zu sagen, während sie gleichzeitig kaum "Nein" zu Ablenkungen und unwichtigen Verpflichtungen sagen können.

Diese Kunst des selektiven "Nein"-Sagens kann Dein Leben revolutionieren. Hier ist, wie Du sie meistern kannst.

Warum wir "Ja" sagen, wenn wir "Nein" meinen

Bevor wir zur Lösung kommen, müssen wir das Problem verstehen. Es gibt tiefgreifende psychologische Gründe, warum wir Schwierigkeiten haben, "Nein" zu sagen:

1. **Angst vor sozialer Ablehnung** Evolutionär betrachtet war Gruppenakzeptanz überlebenswichtig. Diese tief verwurzelte Angst führt dazu, dass wir "Ja" sagen, um gemocht zu werden.
2. **Gefühl der Verpflichtung** Kulturelle und familiäre Prägungen vermitteln uns oft, dass Hilfsbereitschaft und Selbstaufopferung Tugenden sind.

3. **FOMO (Fear of Missing Out)** Die Angst, etwas Wichtiges zu verpassen, kann uns dazu bringen, zu vielen Dingen "Ja" zu sagen.
4. **Überschätzung der verfügbaren Zeit** Der "Planning Fallacy"-Effekt lässt uns glauben, wir hätten mehr Zeit, als tatsächlich zur Verfügung steht.
5. **Kurzfristige Vermeidung von Unbehagen** "Nein" zu sagen, fühlt sich im Moment unangenehm an. Wir sagen "Ja", um diesem kurzfristigen Unbehagen zu entgehen.

Warum das "Ja"-Sagen zur Prokrastination beiträgt

Das übermäßige "Ja"-Sagen ist ein wichtiger, aber oft übersehener Treiber von Prokrastination:

1. **Überlastung führt zu Paralyse** Wenn Du zu viele Verpflichtungen hast, kann die schiere Menge zur Entscheidungslähmung führen.
2. **Energieverschwendung für Nebensächlichkeiten** Jede unwichtige Verpflichtung, zu der Du "Ja" sagst, stiehlt Energie von den wirklich wichtigen Dingen.
3. **Selbstverschuldeter Zeitdruck** Zu viele Verpflichtungen erzeugen unrealistische Zeitpläne, was zu stressbedingter Prokrastination führt.
4. **Verlorene Fokuszeit** Tiefe Konzentration erfordert ungestörte Zeitblöcke, die durch zu viele Verpflichtungen zerstückelt werden.

Das selektive "Nein": Die Schlüsselstrategie

Die Lösung ist nicht, zu allem "Nein" zu sagen, sondern eine bewusste Praxis des selektiven "Nein"-Sagens zu entwickeln:

1. Entwickle klare Kriterien Erstelle einen persönlichen Filter für Entscheidungen. Beispielfragen:

- Unterstützt dies meine wichtigsten Ziele für dieses Jahr?
- Würde ich morgen früh begeistert aufwachen, um dies zu tun?
- Würde ich "Ja" sagen, wenn es HEUTE stattfinden würde?
- Wenn ich nur zu 5 Dingen in diesem Monat "Ja" sagen könnte, wäre dies eines davon?

2. Verzögere Deine Antwort Sage nicht sofort "Ja". Standardantworten könnten sein:

- "Das klingt interessant. Ich muss meinen Kalender checken und komme darauf zurück."
- "Lass mich das überdenken und Dir bis morgen Bescheid geben."
- "Ich prüfe, ob das in meine aktuellen Prioritäten passt, und melde mich."

3. Kultiviere ein "Höfliches Nein"-Repertoire Entwickle verschiedene Arten, "Nein" zu sagen, die zu unterschiedlichen Situationen passen:

- Das direkte Nein: "Danke für das Angebot, aber ich muss ablehnen."
- Das begründete Nein: "Ich fokussiere mich derzeit auf XYZ, daher kann ich das leider nicht übernehmen."
- Das alternative Nein: "Ich kann nicht selbst helfen, aber X könnte interessiert sein."
- Das aufgeschobene Nein: "Momentan passt das nicht in meinen Plan, aber vielleicht im nächsten Quartal."
- Das wertschätzende Nein: "Ich fühle mich geehrt, gefragt zu werden, kann aber aktuell keine weiteren Verpflichtungen eingehen."

4. Praktiziere innere Klarheit über Deine Zeit Verstehe, dass jedes "Ja" mehrere implizite "Neins" bedeutet. Wenn Du zu einem

Treffen "Ja" sagst, sagst Du automatisch "Nein" zu allem anderen, was Du in dieser Zeit tun könntest.

5. Führe ein "Zu vermeidendes"-Budget So wie Du ein finanzielles Budget hast, führe ein "Verpflichtungsbudget". Lege fest, wie viele neue Verpflichtungen Du pro Woche oder Monat eingehen kannst.

6. Praktiziere regelmäßige Verpflichtungs-Inventuren Überprüfe vierteljährlich alle laufenden Verpflichtungen und frage Dich: "Würde ich dazu heute noch einmal 'Ja' sagen?"

7. Nutze den "Hell Yeah or No"-Ansatz Nach Derek Sivers' Philosophie: Wenn Du nicht "Hell Yeah!" (absolut begeistert) zu etwas sagen kannst, sollte die Antwort "Nein" sein.

Besondere Herausforderungen und Lösungen

Herausforderung: Ablehnung von Autoritätspersonen Lösung: Biete Alternativen an. "Ich kann X leider nicht übernehmen, aber ich könnte stattdessen Y anbieten."

Herausforderung: Familiäre Erwartungen Lösung: Kommuniziere langfristige Ziele und wie Grenzen diesen dienen: "Ich möchte qualitativ hochwertige Zeit mit der Familie verbringen, daher reduziere ich andere Verpflichtungen."

Herausforderung: Angst, Gelegenheiten zu verpassen Lösung: Erinnere Dich an das Konzept der Opportunitätskosten. Jede Gelegenheit, die Du annimmst, bedeutet potenziell, zehn andere zu verpassen.

Herausforderung: Schwierigkeit, zu Vergnügungen "Nein" zu sagen Lösung: Entwickle ein "Vergnügungs-Budget" – eine festgelegte Menge an Zeit für Netflix, Social Media etc. Innerhalb dieses Budgets kannst Du frei "Ja" sagen.

Das Paradoxon des "Nein"-Sagens

Hier ist die überraschende Wahrheit: Je besser Du "Nein" zu unwichtigen Dingen sagst, desto öfter kannst Du "Ja" zu dem sagen, was wirklich zählt. Oder wie Steve Jobs es ausdrückte: "Es ist ebenso wichtig zu entscheiden, was man nicht tut, wie zu entscheiden, was man tut."

Menschen, die selten prokrastinieren, haben oft keine übermenschliche Selbstdisziplin – sie haben einfach gelernt, ihre Zeit und Energie durch bewusstes "Nein"-Sagen zu schützen. Sie gestalten ihr Leben proaktiv, anstatt auf Anfragen anderer zu reagieren.

Denk daran: Ein "Nein" ist nicht nur eine Ablehnung des Unwichtigen – es ist gleichzeitig ein mächtiges "Ja" zu Deinen wahren Prioritäten.

Wie Du Dein Büro in eine Produktivitätszone verwandelst

Das Büro sollte eigentlich ein Ort der Produktivität sein – und doch ist es für viele eine Arena der Prokrastination. Von plaudernden Kollegen über endlose Meetings bis hin zu dem ständigen Piepen von Chat-Benachrichtigungen – das moderne Büro ist ein Minenfeld der Ablenkungen.

Die gute Nachricht: Du kannst Deinen Arbeitsplatz in eine echte Produktivitätszone verwandeln. Hier erfährst Du, wie.

Die Büro-Prokrastinations-Falle verstehen

Warum ist das Büro ein so fruchtbarer Boden für Prokrastination? Es gibt mehrere einzigartige Faktoren:

1. **Die ständige Unterbrechungskultur** Studien zeigen, dass Büroarbeiter im Durchschnitt alle 11 Minuten unterbrochen werden und bis zu 23 Minuten brauchen, um zu tiefer Konzentration zurückzukehren.
2. **Die Illusion der Geschäftigkeit** Büros belohnen oft sichtbare Aktivität statt tatsächlicher Produktivität. E-Mails beantworten "sieht" produktiv aus, selbst wenn es von wichtigeren Aufgaben ablenkt.
3. **Die Open-Space-Herausforderung** Moderne Open-Space-Büros, entworfen für Kollaboration, haben unbeabsichtigt Konzentration zum Luxusgut gemacht.
4. **Die Meeting-Überflutung** Der durchschnittliche Büroangestellte verbringt 35-50% seiner Zeit in Meetings, von denen viele unnötig oder ineffizient sind.

5. **Der digitale Overload** Slack, Teams, E-Mail, CRM-Systeme – die Vielzahl digitaler Tools hat paradoxerweise oft mehr Ablenkung als Effizienz geschaffen.

Dein physischer Arbeitsplatz: Das Fundament der Produktivität

Beginnen wir mit dem Naheliegendsten – Deinem tatsächlichen Arbeitsplatz:

1. Der optimale Schreibtisch-Setup

- Implementiere das "Clean Desk Protocol": Nur was Du für die aktuelle Aufgabe brauchst, liegt auf dem Tisch
- Positioniere Deinen Bildschirm so, dass Du nicht ständig Kollegen siehst
- Halte eine "Ablenkungsbox" für persönliche Gegenstände bereit (Handy, privates Buch, etc.)
- Nutze ein Steh-Sitz-Pult für mehr Energie und wechselnde Arbeitsmodi

2. Die visuelle Umgebung optimieren

- Entferne visuelle Ablenkungen aus Deinem Blickfeld
- Platziere inspirierende Zitate oder Erinnerungen an Projektziele in Sichtweite
- Nutze Pflanzen für bessere Luftqualität und reduzierte Stresslevels
- Experimentiere mit Farben (Blau fördert Konzentration, Grün Kreativität)

3. Die akustische Umgebung gestalten

- Investiere in Noise-Cancelling-Kopfhörer (eine der besten Produktivitätsinvestitionen)

- Erstelle verschiedene Playlists für unterschiedliche Arbeitsmodi (konzentriert, kreativ, routinebasiert)
- Kommuniziere klare "Nicht-stören"-Signale (z.B. Kopfhörer als universelles "Bitte nicht unterbrechen"-Zeichen)
- Erwäge White-Noise-Maschinen für konstantere Hinter-
  grundgeräusche

Die digitale Landschaft Deines Büros neu gestalten

Die physische Umgebung ist nur die Hälfte der Geschichte.
Ebenso wichtig ist Deine digitale Arbeitsumgebung:

1. E-Mail-Management revolutionieren

- Implementiere feste E-Mail-Bearbeitungszeiten (z.B. 10
  Uhr und 15 Uhr)
- Nutze die "5-Sekunden-Regel": Wenn die Antwort weniger
  als 5 Sekunden braucht, sofort erledigen
- Erstelle Vorlagen für häufige Antworten
- Deaktiviere E-Mail-Benachrichtigungen vollständig
- Nutze die "Inbox Zero"-Methode oder ein ähnliches Sys-
  tem

2. Chat-Tools zähmen

- Setze Deinen Status bewusst auf "Beschäftigt" oder "Nicht
  stören" während Fokuszeiten
- Kommuniziere klar, wann Du erreichbar bist und wann
  nicht
- Konsolidiere Benachrichtigungen (z.B. einmal pro Stunde
  statt kontinuierlich)

- Nutze asynchrone Kommunikation, wo immer möglich

3. Browser-Optimierung

- Installiere Extensions wie "StayFocusd" oder "Freedom" zur Blockierung ablenkender Websites
- Arbeite mit Browser-Profilen (eines für fokussierte Arbeit, eines für Kommunikation)
- Halte maximal 5-7 Tabs gleichzeitig offen
- Organisiere Lesezeichen in arbeitsbezogene Kategorien

Zeitliche Strukturierung im Büro

Die Art, wie Du Deine Zeit strukturierst, kann den Unterschied zwischen Prokrastination und Produktivität ausmachen:

1. Die Timeboxing-Methode

- Reserviere im Voraus feste Zeitblöcke für spezifische Aufgaben im Kalender
- Behandle diese Blöcke mit dem gleichen Respekt wie Meetings mit anderen
- Inklusive "Fokuszeit" als nicht verhandelbare Meetings mit Dir selbst

2. Die "Energiebasierte" Planung

- Identifiziere Deine natürlichen Energie-Hochphasen (z.B. morgens 9-11 Uhr)
- Plane Deine anspruchsvollsten Aufgaben während dieser Hochphasen
- Nutze Energietiefs für administrative oder weniger anspruchsvolle Aufgaben

3. Die Meeting-Revolution

- Hinterfrage jede Meetinganfrage: Ist meine Anwesenheit wirklich erforderlich?
- Schlage 25-minütige statt 30-minütige Meetings vor (gibt Dir Pufferzeit)
- Fordere Agenden für alle Meetings
- Blockiere "Meeting-freie" Tage oder zumindest Halbtage

Soziale Strategien für das Büro

Das Büro ist ein soziales Umfeld – nutze diese Dynamik zu Deinem Vorteil:

1. Der produktive Verbündete

- Finde einen Kollegen mit ähnlichen Produktivitätszielen
- Vereinbart gemeinsame Fokus-Sessions
- Haltet euch gegenseitig rechenschaftspflichtig
- Teilt Produktivitätstechniken und -erfolge

2. Das "Closed Door" Policy

- Kommuniziere klar, wann Du nicht gestört werden möchtest
- Etabliere Signale (z.B. eine bestimmte Tischlampe, ein Schild, Kopfhörer)
- Biete alternative Kommunikationswege für echte Dringlichkeiten

3. Die Erwartungsmanagement-Strategie

- Setze realistische Erwartungen für Antwortzeiten

- Kommuniziere proaktiv Deinen Arbeitsrhythmus
- Lehre Kollegen, wie sie am besten mit Dir zusammenarbeiten können

Spezielle Herausforderungen im Büro und ihre Lösungen

Der Schwätzer-Kollege Lösung: Entwickle freundliche, aber klare Ausstiegssätze: "Ich würde gerne weiterreden, muss aber bis 12 Uhr dieses Projekt abschließen." "Können wir das beim Mittagessen besprechen? Ich bin gerade in einem Flow-Zustand."

Der ständige Notfall-Modus Lösung: Implementiere ein Prioritätensystem für Anfragen: "Ist das dringend, wichtig, beides oder keines davon?" (Eisenhower-Matrix) Trainiere Kollegen, diese Unterscheidung selbst zu machen.

Die "offene Tür"-Politik des Managements Lösung: Schlage strukturierte Alternativmodelle vor: Feste Sprechzeiten für spontane Anliegen Kurze, regelmäßige Check-ins statt ständiger Verfügbarkeit

Die ablenkende Büro-Technologie Lösung: Vereinbare mit IT-Abteilung persönliche Produktivitätsanpassungen: Spezifische Software-Einstellungen für fokussiertes Arbeiten Angepasste Benachrichtigungseinstellungen

Die Remote-/Hybrid-Arbeit meistern

Für die zunehmend verbreitete Remote- oder Hybrid-Arbeit gelten spezielle Regeln:

1. Kreiere bewusste Übergänge

- Etabliere ein "Pendel-Ritual" zwischen Privat- und Arbeitsmodus

- Nutze räumliche Trennung (idealerweise ein separates Arbeitszimmer)
- Ziehe "Arbeitskleidung" an, selbst zu Hause

2. Bekämpfe die Home-Office-Isolation

- Plane virtuelle "Body Double"-Sessions mit Kollegen
- Nutze Tools wie Focusmate für gemeinsame Fokuszeit
- Halte regelmäßige soziale Check-ins, die nicht arbeitsbezogen sind

3. Setze klare Grenzen

- Definiere feste Arbeitszeiten und kommuniziere sie
- Trenne strikt berufliche und private Technologie (separate Browser-Profile, Apps)
- Praktiziere ein bewusstes "Feierabend-Ritual"

Die Umwandlung Deines Büros in eine echte Produktivitätszone erfordert Bewusstsein, Planung und kontinuierliche Anpassung. Es geht nicht darum, perfekt zu sein, sondern darum, eine Umgebung zu schaffen, die Deine besten Arbeitsgewohnheiten unterstützt, anstatt sie zu untergraben.

Denk daran: Du musst nicht Opfer Deiner Büroumgebung sein – Du kannst ihr Architekt werden.

Meeting-Strategien für chronische Aufschieber

Meetings – für viele sind sie der Inbegriff organisierter Zeitverschwendung. Der durchschnittliche Büroangestellte verbringt etwa 23 Stunden pro Woche in Meetings, von denen laut einer Harvard Business Review-Studie 71% als unproduktiv empfunden werden. Für Prokrastinierer sind Meetings eine besonders tückische Falle: Einerseits bieten sie einen perfekten Vorwand, um "echte Arbeit" aufzuschieben ("Ich kann jetzt nicht anfangen, ich habe gleich ein Meeting"), andererseits stehlen sie wertvolle Zeit, die dann später fehlt.

Hier sind Strategien, wie Du als chronischer Aufschieber Meetings von Zeitfressern in Produktivitätsverstärker verwandeln kannst.

Vor dem Meeting: Die präventive Phase

Die wichtigsten Entscheidungen triffst Du, bevor das Meeting überhaupt beginnt:

1. Die radikale Meeting-Filterung Stelle jede Meetinganfrage auf den Prüfstand mit diesen Fragen:

- Könnte dieses Meeting eine E-Mail sein?
- Ist meine Anwesenheit zwingend erforderlich oder nur "nett zu haben"?
- Welcher spezifische Wert wird durch meine Teilnahme geschaffen?
- Steht dieser Wert im angemessenen Verhältnis zur investierten Zeit?

2. Die strategische Terminwahl Wenn Du das Meeting nicht vermeiden kannst, optimiere zumindest den Zeitpunkt:

- Vermeide Meetings am Produktivitätshöhepunkt Deines Tages
- Blockiere "Meeting-freie" Zonen in Deinem Kalender (z.B. 9-11 Uhr für fokussierte Arbeit)
- Schlage 25 oder 45 Minuten statt der üblichen 30 oder 60 vor (gibt Dir Pufferzeit)
- Plane bewusst Meetings am späten Nachmittag für geringere Opportunitätskosten

3. Die Vorbereitungs-Optimierung Prokrastinierer neigen dazu, entweder überhaupt nicht oder exzessiv vorzubereiten (beides Formen von Prokrastination):

- Definiere eine feste Vorbereitungszeit (z.B. maximal 10 Minuten pro Meeting)
- Erstelle eine Standard-Vorbereitungscheckliste
- Formuliere im Voraus 1-3 konkrete Punkte, die Du beitragen willst
- Fordere Agenden und Unterlagen mindestens 24 Stunden im Voraus

Während des Meetings: Die aktive Phase

Hier geht es darum, sowohl Deine Zeit als auch die aller Teilnehmer zu optimieren:

1. Die Engagement-Strategie

- Setze Dich an eine Position mit guter Sichtbarkeit (verhindert mentales Abdriften)
- Notiere aktiv (fördert Konzentration, selbst bei weniger relevanten Themen)
- Stelle frühzeitig eine substanzielle Frage (aktiviert Dein Gehirn für die gesamte Dauer)
- Praktiziere die "Drei-Sekunden-Regel": Wenn Du einen Gedanken hast, teile ihn innerhalb von drei Sekunden mit, bevor Dein innerer Kritiker ihn blockiert

2. Die Zeit-Schutz-Taktiken

- Bring bei Beginn die Enduhrzeit zur Sprache: "Wir enden pünktlich um 15 Uhr, richtig?"
- Nutze sanfte Erinnerungen bei Abschweifungen: "Um auf unser Hauptthema zurückzukommen..."

- Biete an, bestimmte Nebendiskussionen in separate Meetings auszulagern
- Verwende die "Parkplatz-Methode" für nicht unmittelbar relevante Themen

3. Die Multitasking-Entgiftung Multitasking ist eine besonders gefährliche Form der Meeting-Prokrastination:

- Schließe alle nicht relevanten Tabs und Programme
- Aktiviere den "Nicht stören"-Modus auf allen Geräten
- Stelle Dein Telefon außer Sichtweite
- Wenn das Meeting irrelevant für Dich ist, bitte ehrlich um Erlaubnis zu gehen, anstatt anwesend abwesend zu sein

Nach dem Meeting: Die Konsolidierungsphase

Die Zeit nach dem Meeting entscheidet, ob es wirklich produktiv war oder nur eine weitere Zeitverschwendung:

1. Die sofortige Aktionierung

- Reserviere 5-10 Minuten direkt nach jedem Meeting für unmittelbare Nachbereitung
- Notiere maximal drei Aktionspunkte und integriere sie sofort in Dein Task-System
- Priorisiere einen "Jetzt sofort"-Punkt, den Du noch am selben Tag erledigst
- Sende Follow-up-Emails, solange die Diskussion noch frisch ist

2. Die Meetings-Verbesserungsstrategie

- Führe ein persönliches "Meeting-Tagebuch": War dieses Meeting wirklich nützlich?

- Sammle Beweise für unproduktive Meetings-Muster (Zeitverschwendung, unklare Ziele)
- Schlage konstruktive Verbesserungen vor: Kürzere Dauer, weniger Teilnehmer, bessere Vorbereitung
- Werde zum Meeting-Reformator in Deiner Organisation

Spezielle Meeting-Szenarien für Prokrastinierer

Die One-on-One Meetings Diese können besonders effektiv sein, bergen aber auch Prokrastinationsrisiken:

- Erstelle eine feste Agenda mit maximal drei Diskussionspunkten
- Beginne mit dem wichtigsten Punkt (falls die Zeit knapp wird)
- Setze klare Entscheidungsziele für jedes Gespräch
- Halte sie kurz und fokussiert (20-30 Minuten)

Die großen Team-Meetings In großen Meetings können Prokrastinierer leicht "untertauchen":

- Melde Dich früh zu Wort, um mental "im Spiel" zu bleiben
- Übernimm eine spezifische Rolle (Timekeeper, Notizenmacher, Moderator)
- Setze Dir ein persönliches Ziel für jedes große Meeting
- Positioniere Dich strategisch im Raum für maximale Aufmerksamkeit

Die virtuellen Meetings Remote-Meetings haben ihre eigenen Prokrastinations-Fallen:

- Minimiere visuelle Ablenkungen auf Deinem Bildschirm
- Schalte Deine Kamera ein (erhöht Verantwortlichkeit und Aufmerksamkeit)
- Bereite Deine Beiträge noch gezielter vor

- Nutze die Chat-Funktion strategisch, um engagiert zu bleiben
- Vermeide die "zweiter Bildschirm"-Versuchung

Die Meeting-Alternativen

Ein wichtiger Teil jeder Meeting-Strategie ist das Erkennen und Vorschlagen von Alternativen:

1. **Asynchrone Updates** Schlage Tools wie Loom für Video-Updates oder kollaborative Docs für Statusberichte vor.
2. **Die "Office Hours"-Methode** Biete feste Zeiten an, zu denen Du für Fragen und Diskussionen verfügbar bist.
3. **Die Walking-Meeting-Variante** Schlage für 1:1-Gespräche Spaziergänge vor – sie sind oft kürzer, fokussierter und gesünder.
4. **Das Stand-up Meeting** Kurze, stehende Meetings dauern nachweislich 34% weniger lang als sitzende.

Der entscheidende Punkt bei all diesen Strategien ist die Verschiebung von einer passiven zu einer aktiven Haltung gegenüber Meetings. Anstatt sie als unvermeidbare Zeitverschwendung zu sehen, die perfekt zur Prokrastination einlädt, betrachte sie als gestaltbare Elemente Deiner Arbeitslandschaft.

Indem Du bewusst entscheidest, welche Meetings Du besuchst, wie Du teilnimmst und was Du daraus mitnimmst, gewinnst Du nicht nur wertvolle Zeit zurück – Du verwandelst auch ein klassisches Prokrastinationswerkzeug in einen Produktivitätsverstärker.

Der Chef denkt, Du arbeitest: Fortgeschrittene Techniken (die Du besser nicht anwendest)

Die folgenden "Techniken" werden augenzwinkernd präsentiert – nicht als ernsthafter Rat, sondern als humorvolle Reflexion darüber, wie kreativ Prokrastinierer sein können. Dieses Kapitel dient als Spiegel, in dem Du vielleicht einige Deiner eigenen Verhaltensweisen wiedererkennst.

Disclaimer: Wir empfehlen ausdrücklich NICHT, diese Techniken anzuwenden. Sie sind weder ethisch noch langfristig erfolgversprechend. Der wahre Weg zu beruflichem Erfolg liegt in echter Produktivität, nicht in deren Simulation.

Die Kunst der Produktivitätsillusion: Ein Feldführer

In Büros weltweit haben Meister-Prokrastinierer eine beeindruckende Sammlung von Techniken entwickelt, um beschäftigt zu erscheinen, während sie in Wirklichkeit die Kunst des Nichtstuns perfektionieren. Hier ist ein humorvoller Blick auf diese "Techniken" – erkenne sie, lache darüber und entscheide Dich dann für einen besseren Weg.

1. Die "Strategische Sichtbarkeit"-Taktik

- Erscheine früh, gehe spät – selbst wenn die mittleren Stunden wenig produktiv sind
- Platziere auffällige Arbeitsmaterialien auf Deinem Schreibtisch
- Trage immer ein Notizbuch bei Meetings – egal ob Du es benutzt
- Schicke E-Mails zu ungewöhnlichen Zeiten (vorprogrammiert), um Hingabe zu signalisieren

Warum es nicht funktioniert: Manager achten zunehmend auf Ergebnisse, nicht auf Anwesenheit. Außerdem führt diese Strategie zu Burnout ohne entsprechende Leistung.

2. Das "Busy Browser"-Phänomen

- Halte immer einen relevanten Tab geöffnet für schnelles Umschalten
- Meistere die Alt+Tab-Kombination für blitzschnelle Bildschirmwechsel
- Nutze Split-Screen, um gleichzeitig Arbeit und Ablenkung anzuzeigen
- Installiere Browser-Erweiterungen, die Social Media wie Spreadsheets aussehen lassen

Warum es nicht funktioniert: Diese ständige Aufmerksamkeitsteilung verhindert echten Fortschritt bei jeder Aufgabe und erhöht den Stress.

3. Die "Meeting-Eskapismus"-Strategie

- Blockiere "Arbeitssessions" im Kalender als Schutz vor echter Arbeit
- Melde Dich freiwillig für Komitees und Taskforces mit wenigen tatsächlichen Anforderungen
- Verlängere Meetings künstlich, um weniger Zeit für "richtige Arbeit" zu haben
- Initiiere unnötige Meetings, um Geschäftigkeit zu demonstrieren

Warum es nicht funktioniert: Meetings sind zunehmend unter Beobachtung, und leere Beiträge werden schneller erkannt als Du denkst.

4. Die "Immer-in-Kommunikation"-Ablenkung

- Führe unnötig lange E-Mail-Konversationen, die eine einfache Frage verkomplizieren
- Antworte sofort auf triviale Messages, während wichtige Projekte warten

- Verbringe übermäßig viel Zeit damit, E-Mails zu „organisieren", anstatt sie zu bearbeiten
- Stelle Fragen, deren Antworten Du bereits kennst, um Engagement zu zeigen

Warum es nicht funktioniert: Moderne Analysewerkzeuge können zunehmend zwischen tatsächlicher Produktivität und digitaler Geschäftigkeit unterscheiden.

5. Die "Ich bin am Recherchieren"-Ausrede

- Verbringe unverhältnismäßig viel Zeit mit "Hintergrundrecherche" zu jedem Projekt
- Sammle endlos Informationen ohne tatsächliche Umsetzung
- Zitiere obskure Quellen, um den Eindruck von Tiefgang zu erwecken
- Erstelle komplexe, aber letztlich unnötige Vorbereitungsdokumente

Warum es nicht funktioniert: Recherche ohne Ergebnisse wird schnell als das erkannt, was sie ist: eine ausgeklügelte Form der Prokrastination.

6. Die "Multitasking-Meister"-Illusion

- Beginne viele Projekte gleichzeitig, ohne eines richtig voranzutreiben
- Erwähne regelmäßig, wie viele "Eisen Du im Feuer" hast
- Wechsle ständig zwischen Aufgaben, um den Eindruck von Aktivität zu erzeugen
- Nutze Unterbrechungen als Gelegenheit, um eine andere Aufgabe unvollständig zu beginnen

Warum es nicht funktioniert: Multitasking reduziert nachweislich die Produktivität um bis zu 40% und führt zu mehr Fehlern.

7. Die "Terminologie-Tarnung"-Technik

- Verwende übermäßig komplexe Fachsprache, um einfache Konzepte zu beschreiben
- Fülle Präsentationen mit Buzzwords, die Substanz suggerieren
- Sprich über "strategische Überlegungen", wenn Du eigentlich keine klare Richtung hast
- Nutze vage, aber beeindruckend klingende Begriffe, um Leere zu kaschieren

Warum es nicht funktioniert: Führungskräfte durchschauen zunehmend inhaltsleere Rhetorik und schätzen klare, präzise Kommunikation.

Die psychologischen Kosten der Produktivitäts-Simulation

Hier ist, was die Meister-Täuscher selten zugeben: Die konstante Vortäuschung von Produktivität ist oft anstrengender als tatsächliche Produktivität – mit dem Unterschied, dass sie keine echte Befriedigung oder berufliche Entwicklung bietet.

Die heimlichen Kosten dieser Strategien sind:

1. **Konstante Angst vor Entdeckung** Das permanente Gefühl, jeden Moment "auffliegen" zu können, erzeugt chronischen Stress.
2. **Identitätskonflikt und Selbstzweifel** Die wachsende Kluft zwischen Selbstdarstellung und tatsächlicher Leistung führt zu innerer Dissonanz.

3. **Kompetenzstagnation** Während andere echte Fähigkeiten entwickeln, perfektionierst Du lediglich die Kunst des Anscheins.
4. **Versäumte Chancen** Echte Erfolge und Beförderungen basieren letztlich auf tatsächlichen Ergebnissen.

Der bessere Weg: Von der Simulation zur echten Produktivität

Wenn Du Dich in einigen dieser Strategien wiedererkannt hast, ist das der erste Schritt zur Veränderung. Hier sind konstruktive Alternativen:

1. **Ehrliche Arbeitspakete** Statt vieles oberflächlich anzugehen, fokussiere Dich auf wenige, klar definierte Aufgaben mit messbaren Ergebnissen.
2. **Transparente Kommunikation** Sprich offen über Herausforderungen, statt sie zu verbergen. Die meisten Vorgesetzten schätzen Ehrlichkeit mehr als perfekte Fassaden.
3. **Deliberate Pausen** Statt heimlich abzulenken, plane bewusste Pausen ein. Sie sind legitim und fördern tatsächlich die Produktivität.
4. **Fokus auf Resultate statt auf Wahrnehmung** Verliere Dich nicht im "Wie es aussieht", sondern konzentriere Dich auf "Was tatsächlich erreicht wird".
5. **Erlernen echter Effizienzstrategien** Investiere die Energie, die Du in Täuschungsmanöver steckst, in das Erlernen von echten Produktivitätstechniken.

Letztendlich ist es weniger anstrengend und weitaus befriedigender, tatsächlich produktiv zu sein, als es nur zu scheinen. Die wahre Kunst liegt nicht im Vortäuschen von Arbeit, sondern im Finden eines Arbeitsstils, der authentischen Wert schafft – für Dich, Dein Team und Dein Unternehmen.

Warum "gut genug" besser ist als "perfekt niemals"

"Perfekt ist der Feind des Guten" – dieser Satz von Voltaire trifft den Kern eines Problems, das unzählige Prokrastinierer plagt: Perfektionismus. Während er nach außen wie das Gegenteil von Prokrastination wirken mag, ist er in Wirklichkeit oft deren Ursprung. In diesem Kapitel untersuchen wir, warum die Akzeptanz von "gut genug" Dich paradoxerweise weiterbringen kann als das endlose Streben nach Perfektion.

Die versteckte Verbindung zwischen Perfektionismus und Prokrastination

Auf den ersten Blick scheinen Perfektionismus und Prokrastination Gegensätze zu sein. Der Perfektionist strebt nach Exzellenz, während der Prokrastinierer Dinge aufschiebt. Doch psychologisch sind sie eng verwandt:

1. **Die Angst-Verbindung** Beide Verhaltensweisen werden oft von Ängsten angetrieben: Perfektionisten fürchten Kritik und Versagen; Prokrastinierer fürchten... oft genau dasselbe.
2. **Die Alles-oder-Nichts-Falle** Perfektionisten operieren in Extremen: Entweder etwas ist perfekt, oder es ist wertlos. Diese Dichotomie führt direkt zur Prokrastination, wenn die Perfektion unerreichbar scheint.
3. **Der endlose Vorbereitungszyklus** "Ich kann noch nicht anfangen, weil ich nicht genug recherchiert/geplant/mich vorbereitet habe" – dieser Gedanke kann sowohl aus Perfektionismus als auch aus Prokrastination stammen.

4. **Die Identitätsbedrohung** Für Perfektionisten steht bei jeder Aufgabe ihre Identität auf dem Spiel. Diese hohen emotionalen Einsätze machen das Anfangen und Abschließen deutlich schwieriger.

Die versteckten Kosten des Perfektionismus

Perfektionismus wird in unserer Gesellschaft oft romantisiert oder als "gute Schwäche" in Vorstellungsgesprächen genannt. Die Realität sieht anders aus:

1. **Reduzierte Produktivität** Studien zeigen, dass Perfektionisten oft weniger produzieren als ihre "gut genug"-orientierten Kollegen – nicht mehr.
2. **Geringere Kreativität** Perfektionismus erstickt Kreativität, da Experimentieren und Risiken eingehen unverzichtbare Bestandteile kreativer Prozesse sind.
3. **Schlechtere Gesundheit** Perfektionismus korreliert mit höheren Raten von Angstzuständen, Depression, Burnout und sogar kardiovaskulären Problemen.
4. **Verhinderte Meisterschaft** Paradoxerweise verhindert Perfektionismus oft die echte Meisterschaft, da diese durch Iteration, Feedback und kontinuierliche Verbesserung entsteht – alles Prozesse, die Perfektionisten vermeiden.

Die "Gut genug"-Revolution: Vom Perfektionismus zur Exzellenz

Der Weg aus der Perfektionismus-Prokrastinations-Schleife führt nicht über niedrigere Standards, sondern über ein realistischeres Verständnis von Qualität und Prozess:

1. Unterscheide zwischen Exzellenz und Perfektionismus

- Exzellenz fokussiert auf den Prozess; Perfektionismus auf das Ergebnis
- Exzellenz ist eine Haltung; Perfektionismus ein unerreichbarer Zustand
- Exzellenz erlaubt Fehler als Lernchancen; Perfektionismus verdammt sie
- Exzellenz ist flexibel; Perfektionismus rigide

2. Implementiere die "Gut genug für jetzt"-Methode

- Definiere vor Beginn der Arbeit, was "gut genug" für diese spezifische Phase ist
- Erstelle klare, erreichbare Kriterien für "gut genug" statt vager Perfektionsstandards
- Unterscheide zwischen Entwurf und Endprodukt
- Erlaube bewusst "Gut genug"-Bereiche in Deinem Leben, um Energie für wirklich Wichtiges zu sparen

3. Praktiziere inkrementelle Verbesserung

- Ersetze "perfekt beim ersten Versuch" durch "besser mit jeder Version"
- Plane bewusst mehrere Iterationen ein
- Feiere die Verbesserung statt nur das Endergebnis
- Studiere die Methodik erfolgreicher Unternehmen: Sie liefern zunächst ein "Minimum Viable Product" und verbessern dieses kontinuierlich

4. Entwickle eine gesunde Beziehung zu Feedback

- Sieh Feedback als Werkzeug zur Verbesserung, nicht als Urteil über Deinen Wert
- Hole früh Feedback ein, nicht erst wenn "es perfekt ist"
- Unterscheide zwischen konstruktivem Feedback und Deinem inneren Kritiker

- Umgib Dich mit Menschen, die ehrliches, wohlwollendes Feedback geben

Die 80/20-Regel für Faule

Die Pareto-Prinzip, auch bekannt als die 80/20-Regel, ist ein Geschenk für Perfektionisten und Prokrastinierer gleichermaßen. Es besagt, dass etwa 80% der Ergebnisse aus 20% der Anstrengung resultieren. Die restlichen 20% der Ergebnisse erfordern 80% der Anstrengung – ein katastrophales Verhältnis für jeden, der mit seiner Zeit und Energie haushalten möchte.

Perfektionisten verbringen den Großteil ihrer Zeit in dieser "80% Anstrengung für 20% Ergebnis"-Zone – ein Rezept für Ineffizienz und letztendlich für Burnout.

So nutzt Du die 80/20-Regel gegen Perfektionismus:

1. Identifiziere die kritischen 20% Frage Dich bei jeder Aufgabe: "Welche 20% dieser Arbeit erzeugen 80% des Wertes?" Diese Frage allein kann Deine Produktivität revolutionieren.

Beispiele:

- Bei einer Präsentation: Die Kernbotschaft und 2-3 Hauptargumente (nicht die perfekte Animation)
- Bei einem Bericht: Die Zusammenfassung und die Schlüsseldaten (nicht die perfekte Formatierung)
- Bei einem Produkt: Die Hauptfunktionen, die das Kernproblem lösen (nicht alle denkbaren Features)

2. Definiere bewusst verschiedene Qualitätsstufen Nicht jede Aufgabe verdient dieselbe Aufmerksamkeit. Kategorisiere Deine Aufgaben:

- **Hochqualitäts-Aufgaben (100%)**: Seltene Aufgaben mit hohem Einfluss, die wirklich Dein Bestes verdienen
- **Standardqualitäts-Aufgaben (80%)**: Die meisten wichtigen Aufgaben – gut, aber nicht perfekt
- **Ausreichend-Aufgaben (50%)**: Routineaufgaben mit geringem Einfluss – erledigt ist besser als perfekt

3. Implementiere stufenweise Optimierung Anstatt direkt nach Perfektion zu streben, arbeite in klar definierten Phasen:

- **Phase 1**: Erreiche 80% der Ergebnisse mit 20% der Anstrengung
- **Bewertung**: Ist es den zusätzlichen Aufwand wert, weiterzumachen?
- **Phase 2 (optional)**: Verbessere von 80% auf 95% (erfordert erheblich mehr Energie)
- **Finale Bewertung**: Ist der letzte Schritt zur "Perfektion" wirklich notwendig?

4. Nutze die Zeitbox-Methode Weise jeder Aufgabe einen festen Zeitrahmen zu, basierend auf ihrer Wichtigkeit:

- "Ich werde genau 30 Minuten an dieser E-Mail arbeiten, dann ist sie fertig"
- "Dieses Projekt bekommt 3 Stunden heute, dann bewerte ich den Fortschritt"

Der Trick dabei: Die selbst auferlegte Zeitbegrenzung zwingt Dich, Dich auf die wesentlichen 20% zu konzentrieren.

Wie Du den inneren Kritiker zum Schweigen bringst (oder ihm wenigstens Kopfhörer aufsetzt)

Der innere Kritiker ist die Stimme in Deinem Kopf, die ständig urteilt, bewertet und findet, dass Deine Arbeit nicht gut genug ist.

Für Perfektionisten ist diese Stimme besonders laut und unerbittlich. Sie ist nicht nur unangenehm – sie ist einer der Haupttreiber von Prokrastination.

Die Anatomie des inneren Kritikers verstehen

Dein innerer Kritiker ist nicht nur eine lästige Stimme – er hat eine Funktion. Ursprünglich sollte er Dich vor sozialer Ablehnung und Gefahr schützen. In einer modernen Welt ohne ständige Lebensbedrohungen ist er jedoch oft überaktiv und kontraproduktiv.

Die typischen Merkmale des perfektionistischen inneren Kritikers sind:

- **Schwarzweiß-Denken**: "Entweder ist es perfekt oder es ist wertlos"
- **Katastrophisieren**: "Wenn ich diesen Fehler mache, wird meine Karriere ruiniert sein"
- **Gedankenlesen**: "Alle werden denken, dass ich inkompetent bin"
- **Übergeneralisieren**: "Ich habe dieses eine Projekt vermasselt, also bin ich ein kompletter Versager"
- **Sollte-Statements**: "Ich sollte das besser können", "Ich sollte schneller sein"

Strategien, um den inneren Kritiker zu zähmen

Du kannst Deinen inneren Kritiker nicht komplett zum Schweigen bringen – und das solltest Du auch nicht. Stattdessen geht es darum, seine Lautstärke zu regulieren und seine Botschaften zu filtern:

1. Erkenne und benenne Der erste Schritt ist, die kritische Stimme als separat von Dir zu erkennen. Wenn sie auftaucht, benenne sie bewusst: "Ah, da ist mein innerer Kritiker wieder."

2. Hinterfrage die Annahmen Prüfe die Aussagen Deines Kritikers auf ihren Wahrheitsgehalt:

- "Ist es wirklich wahr, dass dieses Projekt perfekt sein muss?"
- "Würde ich diese hohen Standards auch an andere anlegen?"
- "Welche Beweise gibt es für diese Katastrophenszenarien?"

3. Entwickle eine mitleidsvolle Gegenstimme Erschaffe eine innere Stimme der Selbstfürsorge, die dem Kritiker antwortet:

- "Ich tue mein Bestes mit den Ressourcen, die mir zur Verfügung stehen"
- "Fehler sind Teil des Lernprozesses, nicht Beweise für Unfähigkeit"
- "Ich würde einen Freund nicht so hart beurteilen, warum also mich selbst?"

4. Verwandle den Kritiker in einen Berater Statt den Kritiker zu bekämpfen, weise ihm eine konstruktivere Rolle zu:

- Von "Das ist schrecklich!" zu "Das könnte man verbessern, indem..."
- Von "Du wirst versagen" zu "Achte besonders auf diesen Teil"
- Von "Du bist nicht gut genug" zu "Hier ist eine Gelegenheit zu wachsen"

5. Nutze die Verzögerungstaktik Sage Deinem inneren Kritiker: "Danke für Deine Meinung. Ich werde sie später berücksichtigen." Dann setze die Arbeit fort. Oft verblasst die kritische Stimme, wenn Du sie nicht sofort beachtest.

6. Visualisiere Deinen Kritiker Gib Deinem inneren Kritiker eine konkrete Gestalt – vielleicht einen mürrischen alten Lehrer oder einen übereifrigen, aber unbeholfenen Praktikanten. Diese Visualisierung schafft emotionale Distanz und macht es leichter, nicht alles persönlich zu nehmen.

7. Praktiziere regelmäßige Selbstmitgefühl-Übungen Studien zeigen, dass Selbstmitgefühl ein wirksames Gegenmittel gegen destruktiven Perfektionismus ist:

- Halte täglich einen Moment inne und frage: "Wie würde ich einen Freund in dieser Situation behandeln?"
- Schreibe Dir selbst einen mitfühlenden Brief aus der Perspektive eines wohlwollenden Mentors
- Entwickle beruhigende Gesten oder Phrasen für Momente intensiver Selbstkritik

Besondere Herausforderungen für Perfektionisten

Perfektionisten stehen vor einzigartigen Herausforderungen beim Umgang mit dem inneren Kritiker:

Das Identitätsdilemma Viele Perfektionisten definieren sich über ihre hohen Standards. Der Gedanke, diese zu lockern, kann sich wie ein Identitätsverlust anfühlen. Lösung: Ersetze "Ich bin Perfektionist" durch "Ich strebe nach Exzellenz, aber ich praktiziere auch Selbstmitgefühl."

Die Rückfallgefahr In Stresssituationen kehren wir oft zu alten Mustern zurück. Der innere Kritiker wird in solchen Momenten besonders laut. Lösung: Entwickle einen "Notfallplan" für Hochstress-Phasen, mit konkreten Selbstfürsorge-Maßnahmen.

Die heimliche Belohnung Perfektionismus wird oft unbewusst belohnt – durch Lob für harte Arbeit, durch die Vermeidung von

Versagensangst, durch ein Gefühl moralischer Überlegenheit. Lösung: Identifiziere diese versteckten Belohnungen und finde gesündere Alternativen.

Der innere Kritiker verschwindet nie vollständig – und das ist auch gut so. In gemäßigter Form kann er ein wertvoller Berater sein. Der Schlüssel liegt darin, ihn von einem tyrannischen Diktator in einen respektvollen Ratgeber zu verwandeln – einen, der Dir hilft zu wachsen, ohne Dich zu lähmen.

Denk daran: Dein Wert als Mensch hängt nicht von Deiner Produktivität oder Perfektion ab. Der wahre Fortschritt liegt nicht im Erreichen unmöglicher Standards, sondern in der Entwicklung einer gesünderen Beziehung zu Deiner Arbeit, Deinen Fehlern und letztendlich zu Dir selbst.

Warum Deadlines Deine neuen besten Freunde sind

Ah, Deadlines – diese zauberhaften Zeitpunkte in der Zukunft, die plötzlich zur Gegenwart werden und Dich aus heiterem Himmel überraschen, obwohl sie seit Wochen in Deinem Kalender stehen. Für chronische Prokrastinierer haben Deadlines einen schlechten Ruf. Dabei könnten sie Deine besten Verbündeten im Kampf gegen die Aufschieberitis sein – wenn Du lernst, sie richtig zu nutzen.

Warum? Weil Deadlines etwas schaffen, das dem Prokrastinierer normalerweise fehlt: einen klaren Punkt, an dem die Entscheidung "Jetzt oder nie" nicht mehr verhandelbar ist. Sie verwandeln das vage "Ich sollte irgendwann daran arbeiten" in ein konkretes "Bis Freitag muss es fertig sein".

Die Psychologie der Deadline-Magie

Das menschliche Gehirn hat eine faszinierende Beziehung zu Deadlines:

1. **Sie überwinden die Zeitverzerrung** Unser Gehirn bewertet zukünftige Ereignisse anders als gegenwärtige – ein Phänomen namens "temporale Diskontierung". Eine Deadline rückt die Zukunft in die Gegenwart und macht sie real.
2. **Sie schaffen Dringlichkeit** Dringlichkeit ist wie Mentholöl für Dein träges Motivationssystem – es kribbelt, es brennt ein bisschen, aber plötzlich atmest Du wieder frei.
3. **Sie reduzieren Entscheidungsmüdigkeit** Ohne Deadline verbringst Du endlose Energie damit zu entscheiden,

WANN Du etwas tun sollst. Mit Deadline entfällt diese Entscheidung – ein Segen für chronische Zauderer.

4. **Sie machen abstrakte Konsequenzen konkret** "Ich sollte meine Steuererklärung machen" fühlt sich vage an. "Wenn ich meine Steuererklärung nicht bis nächsten Dienstag einreiche, zahle ich 250€ Strafe" ist konkret und motivierend.

Die Kunst, Deadlines zu Deinen Gunsten zu nutzen

Der Trick liegt nicht darin, Deadlines zu fürchten, sondern sie strategisch einzusetzen:

1. Die selbstauferlegte Deadline Die meisten Prokrastinierer kennen das Wunder der externen Deadline: Plötzlich arbeitest Du nachts durch, obwohl Du wochenlang nichts getan hast. Gute Neuigkeit: Du kannst diesen Effekt selbst erzeugen:

- Setze Dir künstliche Deadlines, die vor der tatsächlichen liegen
- Kommuniziere sie öffentlich, um sie verbindlicher zu machen
- Verbinde sie mit konkreten Konsequenzen (positiv oder negativ)

2. Die Mikro-Deadline-Kette Statt einer großen, fernen Deadline, die kaum motivierend wirkt, schaffe eine Kette aus kleinen, nahen Deadlines:

- Montag, 15 Uhr: Recherche abgeschlossen
- Dienstag, 12 Uhr: Gliederung fertig
- Mittwoch, 17 Uhr: Erster Entwurf
- und so weiter...

Diese Salami-Taktik macht das große, beängstigende Projekt zu einer Reihe machbarer Schritte.

3. Die Parkinson-Strategie Das Parkinson'sche Gesetz besagt: "Arbeit dehnt sich so aus, dass sie die zur Verfügung stehende Zeit füllt." Nutze dieses Prinzip:

- Weise Aufgaben bewusst weniger Zeit zu, als Du intuitiv für nötig hältst
- Setze Dir absichtlich enge Zeitfenster ("Ich muss diese Präsentation in 45 Minuten fertig haben")
- Starte einen Countdown-Timer, der sichtbar läuft

4. Die soziale Deadline-Verstärkung Menschen sind soziale Wesen – nutze das:

- Vereinbare Check-ins mit Kollegen oder Freunden
- Plane Präsentationen oder Meetings, bei denen Du liefern musst
- Arbeite in einem Café, wenn Du um 17 Uhr fertig sein musst (die soziale Peinlichkeit, als Letzter dort zu sitzen, ist ein starker Motivator)

5. Die Deadline-Visualisierung Mach die Deadline sichtbar und greifbar:

- Hänge einen physischen Countdown auf
- Blocke die Zeit bis zur Deadline im Kalender
- Erstelle eine visuelle Fortschrittsanzeige

Für chronische Deadline-Muffel: Notfall-Strategien

Wenn Du zu denen gehörst, die selbst externe Deadlines konsequent ignorieren, bis sie im Gesicht explodieren, hier einige Notfallmaßnahmen:

Die Precommitment-Methode Schaffe im Voraus Bedingungen, die Deadline-Einhaltung erzwingen:

- Überweise einem Freund 100€ mit der Anweisung, sie nur zurückzugeben, wenn Du die Deadline einhältst
- Vereinbare einen automatischen Social-Media-Post mit peinlichem Inhalt, der abgeht, wenn Du nicht rechtzeitig ein Passwort eingibst
- Buche nicht erstattbare Ressourcen (Räume, Dienstleister), die von der Deadline abhängen

Die "Ich mache es jetzt"-Revolution Für manche Prokrastinierer ist die beste Strategie, Deadlines fast vollständig zu eliminieren, indem sie Aufgaben sofort erledigen:

- Führe die "Wenn es weniger als 2 Minuten dauert, mach es sofort"-Regel ein
- Praktiziere die "Do it day"-Methode: Ein Tag pro Woche, an dem Du alles, was reinkommt, sofort erledigst
- Implementiere ein persönliches "Keine Warteschlange"-Prinzip für bestimmte Aufgabenkategorien

Deadline-Philosophie für Fortgeschrittene

Mit der Zeit kannst Du eine gesündere Beziehung zu Deadlines entwickeln:

1. **Vom Feind zum Werkzeug** Sieh Deadlines nicht als feindliche Kräfte, sondern als Werkzeuge, die Dir helfen, Deine Ziele zu erreichen.
2. **Von der externalen zur internalen Motivation** Entwickle schrittweise mehr intrinsische Motivation, sodass Du weniger von externem Druck abhängig bist.
3. **Vom Alles-oder-Nichts zum Kontinuum** Ersetze das binäre "Entweder ich schaffe die Deadline oder ich habe versagt" durch ein flexibleres Denken.

Die Deadline-Paradoxie ist ganz einfach: Obwohl sie auf den ersten Blick Deine Freiheit einschränken, können sie Dich tatsächlich befreien – von endlosem Zaudern, von vager Unzufriedenheit und vom ständigen Gefühl, hinterherzuhinken.

Und hey, wenn es Dir gelingt, Deadlines zu Deinen Verbündeten zu machen, hast Du nicht nur einen mächtigen Produktivitäts-Boost gewonnen – Du hast auch das befriedigende Gefühl, das System zu Deinen Gunsten auszutricksen. Wer hätte gedacht, dass der Feind Deiner Prokrastination ausgerechnet jene Deadlines sein könnten, die Du immer gefürchtet hast?

Die Kunst des produktiven Panikmoments

Kennst Du diesen besonderen Moment? Die Deadline rückt näher, die Zeit wird knapp, der Puls steigt – und plötzlich, wie durch Magie, verschwindet jegliche Prokrastination. Du tauchst in einen Zustand fokussierter Produktivität ein, den Du vorher wochenlang nicht erreichen konntest. Willkommen im berüchtigten "Panikmoment" – dem heimlichen Produktivitätsbooster der Prokrastinierer.

Die Wissenschaft hinter dem produktiven Panikmodus

Was passiert in diesem Moment physiologisch und psychologisch?

1. **Adrenalin und Noradrenalin fluten Dein System** Diese Stresshormone erhöhen Herzfrequenz, Atmung und Blutzuckerspiegel – Dein Körper geht in den Kampf-oder-Flucht-Modus.
2. **Dein präfrontaler Kortex schaltet auf Hochtouren** Das "Entscheidungszentrum" Deines Gehirns wird aktiviert, um alle nicht-essenziellen Prozesse auszublenden.

3. **Dopamin wird ausgeschüttet** Das "Belohnungshormon" motiviert Dich, dranzubleiben und die Aufgabe abzuschließen.
4. **Dein Zeitgefühl verändert sich** Du trittst in einen Zustand ein, der dem Flow ähnelt – die Zeit scheint anders zu vergehen.

Dieser Cocktail aus biochemischen Reaktionen erzeugt einen temporären Superzustand der Produktivität. Manche Prokrastinierer werden süchtig nach diesem Gefühl und schieben Dinge bewusst auf, um es wieder zu erleben.

Die dunkle Seite des Panikmodus

Bevor wir darüber sprechen, wie Du diesen Zustand nutzen kannst, eine wichtiges Feststellung: Der Panikmodus hat ernsthafte Nachteile:

- **Erhöhtes Fehlerrisiko** durch überstürzte Entscheidungen
- **Reduzierte Kreativität** durch Tunnelblick
- **Gesundheitsrisiken** durch chronischen Stress
- **Burnout-Gefahr** bei zu häufiger Anwendung
- **Qualitätseinbußen** durch fehlende Reflexionszeit

Die Kunst besteht darin, die Vorteile des Panikmodus zu nutzen, ohne seine negativen Auswirkungen zu erleiden.

Der "künstliche Panikmodus": Aktiviere ihn, ohne zu leiden

Hier sind Strategien, um einen produktiven Panikmodus zu simulieren, ohne den zerstörerischen Stress:

1. Die Time-Boxing-Technik Setze Dir absurd kurze Zeitlimits für Aufgaben:

- "Ich schreibe diesen Bericht in exakt 45 Minuten"
- "Diese Präsentation muss in 30 Minuten stehen" Nutze einen gut sichtbaren Timer und behandle das Zeitlimit als nicht verhandelbar.

2. Die "Falsche Deadline"-Methode Täusche Dein Gehirn mit vorverlegten Deadlines:

- Trage alle Deadlines eine Woche früher in Deinen Kalender ein
- Stelle Deine Uhr bewusst 10 Minuten vor
- Kommuniziere früheren Abgabetermin an Kollegen/Freunde

3. Die Wettkampf-Strategie Nutze Deinen kompetitiven Instinkt:

- Fordere einen Kollegen zum "Produktivitäts-Battle" heraus
- Versuche, Deine eigene beste Zeit zu schlagen
- Nutze Apps wie "Forest" oder "Write or Die", die Konsequenzen bei Prokrastination simulieren

4. Die Öffentlichkeits-Taktik Nutze soziale Verpflichtung:

- Kündige öffentlich an, wann Du etwas fertigstellen wirst
- Streame Deine Arbeitssession live (ja, das machen Menschen tatsächlich!)
- Vereinbare ein Meeting direkt nach Deiner geplanten Fertigstellung

5. Die Adrenalin-Hack-Methode Stimuliere Deinen Körper, um einen Panik-ähnlichen Zustand zu erzeugen:

- Mache vor der Arbeit intensive körperliche Übungen (30 Sekunden Sprints, Liegestütze)
- Arbeite zu energiereicher Musik mit schnellem Tempo

- Wechsle die Körperhaltung (im Stehen arbeiten erzeugt mehr Dringlichkeit)
- Trinke einen starken Kaffee (Koffein simuliert einige Stresshormon-Effekte)

Die Panik-Management-Strategien

Wenn Du Dich tatsächlich in einem echten Panikmoment befindest (weil die Deadline WIRKLICH in 24 Stunden ist und Du noch nichts getan hast), hier einige Überlebenstipps:

1. Die Triage-Methode In extremen Situationen musst Du knallhart priorisieren:

- Identifiziere das absolute Minimum, das akzeptabel ist
- Eliminiere alles, was nicht unbedingt notwendig ist
- Fokussiere ausschließlich auf die kritischen 20%, die 80% des Wertes liefern

2. Die Ressourcen-Maximierungs-Strategie Mobilisiere alle verfügbaren Ressourcen:

- Bitte um Hilfe, wo immer möglich
- Eliminiere alle Ablenkungen (Handy aus, Browser-Blocker an, Tür zu)
- Bereite Nahrung, Getränke und alles Notwendige vor, um Unterbrechungen zu minimieren

3. Die Fokus-Erhaltungs-Taktik Halte den produktiven Zustand so lange wie möglich aufrecht:

- Arbeite in 25-Minuten-Blocks mit nur 3-5 Minuten Pause
- Vermeide Social Media und Nachrichtenchecks während Pausen

- Nutze die "Parkplatz-Methode" für ablenkende Gedanken (notiere sie kurz und schiebe sie auf)

4. Die Energie-Management-Technik Panik-Produktivität verbraucht enorme Energiemengen:

- Iss komplexe Kohlenhydrate für konstante Energie (statt Zucker-Highs und -Crashes)
- Bleib hydriert (Dehydrierung reduziert kognitive Fähigkeiten dramatisch)
- Mache kurze Bewegungspausen (30 Sekunden springen/dehnen alle 30 Minuten)

5. Die psychologische Notfall-Strategie Halte Deine Psyche stabil während des Hochstress-Zustands:

- Praktiziere "Box-Breathing" (4 Sekunden einatmen, 4 halten, 4 ausatmen, 4 halten)
- Nutze positive Selbstgespräche ("Ich habe das schon einmal geschafft, ich schaffe es wieder")
- Visualisiere den erfolgreichen Abschluss und das Gefühl der Erleichterung

Die Panik-zu-Plan-Transition

Das Ziel ist natürlich, langfristig weniger im Panikmodus zu arbeiten und mehr im geplanten Produktivitätsmodus. Hier ist, wie Du den Übergang schaffst:

1. **Dokumentiere Deine Panik-Produktivität** Nach jeder Panik-Session notiere, wie viel Du in welcher Zeit geschafft hast. Diese Daten helfen Dir zu verstehen, was in normalen Zeiten möglich sein sollte.
2. **Analysiere den Unterschied** Was genau ist in Panik-Momenten anders? Klammere Dich an Dinge, die Du

replizieren kannst (z.B. "Ich checke keine E-Mails"), und eliminiere die schädlichen (z.B. "Ich schlafe nicht").

3. **Implementiere graduelle Veränderungen** Übernimm schrittweise Elemente Deines Panik-Produktivitätsmodus in Deine normale Routine:
   - Die Fokussierungs-Techniken
   - Die klare Priorisierung
   - Die reduzierte Multitasking-Tendenz

Denk daran: Der Panikmodus ist wie ein Notfallgenerator. Er kann Dich durch Stromausfälle retten, aber Du möchtest nicht dauerhaft davon abhängig sein. Die wahre Meisterschaft liegt darin, die Superkräfte des Panikmodus zu nutzen, ohne den Notfall zu benötigen.

Wie Du in 24 Stunden schaffst, wofür Du eigentlich 3 Wochen Zeit hattest

Es ist passiert. Wieder. Du hast ein Projekt bekommen, drei Wochen Zeit gehabt – und jetzt bleiben Dir noch 24 Stunden. Was tun? Panik ist eine Option, aber eine bessere ist dieser Notfall-Leitfaden für extreme Zeitkompression.

Phase 1: Die Schock-Überwindung (15 Minuten)

Der erste Schritt ist, die lähmende Panik zu überwinden und in den Aktionsmodus zu wechseln:

1. **Akzeptiere die Realität** Keine Zeit für Selbstvorwürfe oder "Hätte ich doch"-Gedanken. Die Situation ist, wie sie ist.
2. **Mache eine Bestandsaufnahme**
   - Wie viel Zeit hast Du genau? (24 Stunden? 18 Stunden? 36 Stunden?)

- o Welche Ressourcen stehen zur Verfügung? (Informationen, Vorarbeiten, Hilfe)
- o Was ist das absolute Minimum an Fertigstellungen, das akzeptabel wäre?

3. **Setze den Rahmen**
   - o Plane Schlafzeiten ein (ja, wirklich – kompletter Schlafentzug macht Dich ineffizient)
   - o Reserviere Zeit für Mahlzeiten und kurze Pausen
   - o Berücksichtige unvermeidbare Unterbrechungen
4. **Aktiviere den Notfallmodus**
   - o Informiere Mitbewohner/Familie über Deinen "Notfall-Tag"
   - o Stelle Handy auf "Nicht stören" (mit Ausnahmen für kritische Kontakte)
   - o Schließe alle nicht projektrelevanten Browser-Tabs
   - o Stelle Snacks und Getränke bereit

Phase 2: Die Strategie-Entwicklung (30 Minuten)

Jetzt geht es darum, einen realistischen Plan zu entwickeln:

1. **Die brutale Priorisierung**
   - o Teile das Projekt in "Muss haben", "Sollte haben" und "Wäre schön zu haben"
   - o Eliminiere gnadenlos alle "Wäre schön"-Elemente
   - o Halte "Sollte haben"-Elemente als optionale Extras bereit
2. **Die Zeit-Allokation**
   - o Nutze die "Rückwärtsplanung": Starte vom Abgabezeitpunkt und arbeite rückwärts
   - o Weise jedem "Muss haben"-Element einen Zeitblock zu
   - o Füge 30% Pufferzeit hinzu (Dinge dauern immer länger als gedacht)
3. **Die Ressourcen-Maximierung**

- o Identifiziere Abkürzungen (vorhandene Vorlagen, wiederverwendbare Inhalte)
- o Prüfe, ob Teilaufgaben delegiert werden können
- o Finde existierende Lösungen statt Neuerfindungen
4. **Die Qualitätsanpassung**
   - o Definiere, was "gut genug" in dieser Situation bedeutet
   - o Identifiziere Bereiche, wo Qualität nicht kompromittiert werden darf
   - o Bestimme, wo vereinfachte Versionen akzeptabel sind

Phase 3: Die Durchführung (22 Stunden)

Jetzt kommt die eigentliche Arbeit:

1. **Das Starter-Ritual (5 Minuten)**
   - o Starte mit der einfachsten "Muss haben"-Aufgabe, um Momentum aufzubauen
   - o Setze einen Timer für den ersten Arbeitsblock
   - o Schaffe physische Bedingungen für Fokus (Licht, Temperatur, Geräusche)
2. **Die Fokus-Blöcke**
   - o Arbeite in 45-Minuten-Blöcken mit 5-10 Minuten Pause
   - o Nutze die Pomodoro-Technik für besonders schwierige Abschnitte
   - o Dokumentiere Fortschritte sichtbar (motiviert und hält den Überblick)
3. **Die Progress-Checkpoints**
   - o Überprüfe alle 3 Stunden Deinen Fortschritt gegen den Plan
   - o Passe Prioritäten basierend auf tatsächlichem Fortschritt an

○　Identifiziere frühzeitig, wenn etwas nicht funktioniert

4. **Die Energie-Erhaltung**
   - Wechsle zwischen verschiedenen Arten von Aufgaben (kreativ vs. mechanisch)
   - Halte Mikro-Bewegungspausen (30 Sekunden dehnen alle 45 Minuten)
   - Nutze strategischen Koffeinkonsum (nicht nach 14 Uhr, nicht auf leeren Magen)
5. **Die Krisen-Intervention** Wenn Du merkst, dass der Plan nicht aufgeht:
   - Identifiziere sofort, was weggelassen werden kann
   - Überlege, ob eine Deadline-Verlängerung möglich ist
   - Suche nach kreativen Alternativlösungen (z.B. Teilabgabe)

Phase 4: Die Abschluss-Optimierung (1 Stunde)

Die letzten Stunden vor der Deadline sind kritisch:

1. **Die Notfall-Priorisierung**
   - Stelle sicher, dass die absoluten Kernelemente fertig sind
   - Fokussiere auf das, was am sichtbarsten ist (z.B. Zusammenfassung, Einleitung)
   - Stelle sicher, dass das Format den Anforderungen entspricht
2. **Die letzte Qualitätskontrolle**
   - Führe einen Schnell-Check auf offensichtliche Fehler durch
   - Überprüfe, ob alle formalen Anforderungen erfüllt sind
   - Stelle sicher, dass alle Teile zusammenpassen
3. **Die Abgabe-Sicherung**

- o Speichere in mehreren Formaten (falls erforderlich)
- o Erstelle Backups auf verschiedenen Geräten/Clouds
- o Plane genug Zeit für den eigentlichen Abgabeprozess ein

Die Nachbereitung (nach der Deadline)

Wenn der Sturm vorüber ist, ist es Zeit für Reflexion:

1. **Die unmittelbare Lehre**
   - o Notiere, was überraschend gut funktioniert hat
   - o Dokumentiere, was problematisch war
   - o Identifiziere, was Du beim nächsten Mal anders machen würdest
2. **Die systemische Veränderung**
   - o Implementiere eine Strategie, um solche Situationen in Zukunft zu vermeiden
   - o Erstelle Vorlagen für ähnliche zukünftige Projekte
   - o Entwickle ein persönliches "Frühwarnsystem" für nahende Deadlines
3. **Die Selbstfürsorge**
   - o Plane bewusst Erholung nach dem Marathon
   - o Reflektiere ehrlich, aber ohne Selbstgeißelung
   - o Feiere trotz allem, was Du geschafft hast

Der 24-Stunden-Notfallplan ist keine ideale Arbeitsweise – aber er kann Dich durch selbstverschuldete Krisen retten. Das Ziel ist natürlich, solche Situationen seltener zu erleben und langfristig einen nachhaltigeren Arbeitsstil zu entwickeln.

Und falls Du Dich fragst: Ja, dieses Kapitel wurde von jemandem geschrieben, der die 24-Stunden-Methode viel zu gut kennt. Manche Lektionen lernt man am besten durch Schmerz – oder durch das Lesen eines Buches von jemandem, der den Schmerz bereits erlebt hat. Du bist willkommen.

Warum Du keine schlechte Person bist (nur eine mit schlechtem Zeitmanagement)

Ah, die vertraute Situation: Es ist 2 Uhr morgens, Du sitzt mit leerem Magen und überfüllter Blase vor dem Computer, scrollst durch Katzenvideos, während drei Deadlines auf Dich warten und Dein innerer Monolog klingt wie eine besonders kreative Folge von "Die schlimmsten Beleidigungen der Welt". Kommt Dir bekannt vor?

Die Wahrheit ist: Wenn wir prokrastinieren, geht es meistens nicht mit Sonnenschein und Selbstliebe einher. Im Gegenteil – die Selbstvorwürfe können so laut werden, dass sie jede Chance auf Produktivität im Keim ersticken. "Ich bin so faul." "Was stimmt nicht mit mir?" "Jeder andere kriegt das hin." "Ich bin ein hoffnungsloser Fall."

Diese Selbstgeißelung mag vielleicht wie eine angemessene Reaktion auf Deine Aufschieberitis erscheinen, aber sie ist in Wirklichkeit Teil des Problems, nicht der Lösung.

Der Kreislauf der Selbstvorwürfe

So sieht der typische Teufelskreis aus:

1. Du schiebst eine Aufgabe auf
2. Du fühlst Dich schlecht deswegen
3. Du machst Dir Vorwürfe und fühlst Dich noch schlechter

4. Du brauchst eine Ablenkung von diesen negativen Gefühlen
5. Du prokrastinierst noch mehr, um dem emotionalen Unbehagen zu entfliehen
6. Zurück zu Schritt 2, nur mit noch intensiveren Schuldgefühlen

Das Perverse an diesem Kreislauf: Je schlechter Du Dich wegen Deiner Prokrastination fühlst, desto wahrscheinlicher ist es, dass Du weiter prokrastinierst. Die Selbstvorwürfe, die Dich angeblich "motivieren" sollen, haben genau den gegenteiligen Effekt.

Warum Prokrastination kein Charakterfehler ist

Hier ist eine revolutionäre Idee: Prokrastination ist keine moralische Verfehlung. Sie ist nicht einmal primär ein Motivationsproblem. Neuere Forschungen zeigen, dass Prokrastination ein Problem des emotionalen Managements ist – eine Schwierigkeit, unangenehme Gefühle zu regulieren, die mit bestimmten Aufgaben verbunden sind.

Faktoren, die zur Prokrastination beitragen, aber NICHTS mit Deinem Wert als Person zu tun haben:

1. **Neuronale Unterschiede** Menschen mit ADHS haben ein anders strukturiertes Belohnungssystem im Gehirn. Das hat nichts mit "Faulheit" zu tun.
2. **Ängste und Traumata** Perfektionismus, Versagensangst und Leistungstrauma sind häufige Ursachen für Prokrastination.
3. **Gesellschaftlicher Druck** Die "Hustle Culture" und unrealistische Produktivitätsstandards schaffen unmögliche Erwartungen.

4. **Die moderne Ablenkungsökonomie** Milliarden werden investiert, um Deine Aufmerksamkeit zu stehlen – Du kämpfst gegen Tech-Giganten.
5. **Mangelnde Fähigkeiten, nicht mangelnder Wille** Vielleicht weißt Du einfach nicht, wie Du anfangen sollst oder hast nie effektive Strategien gelernt.

So wie Du Dir keine Vorwürfe machen würdest, weil Du nicht weißt, wie man einen Lamborghini repariert (es sei denn, Du bist Automechaniker), solltest Du Dir auch keine Vorwürfe machen, weil Du mit komplexen Aufgaben ohne die richtigen Werkzeuge kämpfst.

Die Macht des Selbstmitgefühls

Selbstmitgefühl klingt für viele nach einer weichgespülten Alternative zu "echter Disziplin". Die Forschung zeigt jedoch etwas Überraschendes: Selbstmitgefühl führt zu BESSEREN Ergebnissen als Selbstkritik.

Die Psychologin Dr. Kristin Neff, eine Pionierin der Selbstmitgefühl-Forschung, hat gezeigt, dass Menschen, die sich selbst mit Freundlichkeit begegnen:

*   Weniger prokrastinieren
*   Schneller von Rückschlägen erholen
*   Mehr intrinsische Motivation erleben
*   Besser mit Fehlern umgehen
*   Insgesamt produktiver sind

Selbstmitgefühl ist nicht die Erlaubnis, faul zu sein – es ist die Schaffung eines sicheren psychologischen Raums, in dem Du dich konstruktiv mit Deinen Herausforderungen auseinandersetzen kannst, anstatt in Scham zu versinken.

Praktische Selbstmitgefühl-Strategien für Prokrastinierer

Wie sieht Selbstmitgefühl in der Praxis aus, besonders wenn Du mitten in einer Prokrastinationskrise steckst?

1. Der "Freundlicher Beobachter"-Ansatz Stell Dir vor, ein guter Freund wäre in Deiner Situation. Was würdest Du zu ihm sagen? Wahrscheinlich nicht: "Du bist so ein Versager!" Sprich mit Dir selbst in dem Ton, den Du mit jemandem verwenden würdest, den Du respektierst und um den Du Dich sorgst.

2. Die drei Säulen des Selbstmitgefühls Nach Dr. Neff basiert Selbstmitgefühl auf drei Elementen, die Du aktiv praktizieren kannst:

- **Freundlichkeit zu Dir selbst**: "Das ist gerade schwer für mich, aber ich tue mein Bestes."
- **Gemeinsame Menschlichkeit**: "Millionen von Menschen kämpfen mit genau diesem Problem. Ich bin nicht allein oder defekt."
- **Achtsamkeit**: "Ich bemerke, dass ich prokrastiniere und mich schlecht fühle, ohne mich in diesen Gedanken zu verlieren."

3. Die Reframing-Technik Verwandle Selbstvorwürfe in konstruktivere Aussagen:

- Statt: "Ich bin so faul!" → "Ich finde es gerade schwer, anzufangen. Was könnte mir helfen?"
- Statt: "Ich versage immer!" → "Dieses spezifische Verhalten funktioniert nicht für mich. Ich kann etwas anderes versuchen."

- Statt: "Jeder andere kriegt das hin!" → "Viele Menschen kämpfen mit ähnlichen Herausforderungen, auch wenn sie es nicht zeigen."

4. Die physische Selbstmitgefühl-Geste Psychologische Studien zeigen, dass körperliche Berührung das Selbstmitgefühl-System aktivieren kann:

- Lege eine Hand auf Dein Herz oder Deine Wange
- Gib Dir selbst eine Umarmung
- Atme tief ein und aus, während Du eine Hand auf den Bauch legst

So albern es klingen mag – diese einfachen Gesten können tatsächlich physiologische Beruhigungssysteme aktivieren.

5. Der "Mitfühlende Brief an mich selbst" Nimm Dir 5 Minuten Zeit und schreibe Dir einen kurzen Brief aus der Perspektive eines bedingungslos liebenden Mentors:

- Erkenne Deine Schwierigkeiten an
- Erinnere Dich an die universelle Natur von Kampf und Versagen
- Biete Dir selbst Verständnis und Unterstützung an
- Schlage sanft einen Weg nach vorne vor

6. Die "Und trotzdem"-Technik Verbinde Selbstmitgefühl mit Handlung:

- "Ich finde dieses Projekt beängstigend, UND TROTZDEM kann ich einen kleinen Schritt machen."
- "Ich habe gestern prokrastiniert, UND TROTZDEM kann ich heute neu beginnen."
- "Ich bin frustriert über meinen Fortschritt, UND TROTZ-DEM gebe ich nicht auf."

Diese Formulierung ehrt Deine Gefühle, ohne in ihnen stecken zu bleiben.

Häufige Einwände gegen Selbstmitgefühl

Viele Prokrastinierer haben Vorbehalte gegen Selbstmitgefühl. Hier sind die häufigsten Bedenken – und warum sie unbegründet sind:

"Wenn ich nett zu mir bin, werde ich noch fauler werden!" Die Forschung zeigt das Gegenteil: Selbstmitgefühl erhöht die Motivation und Produktivität. Selbstkritik hingegen aktiviert Dein Bedrohungssystem, was zu mehr Vermeidungsverhalten führt.

"Selbstmitgefühl ist nur eine Ausrede für Mittelmäßigkeit!" Tatsächlich setzen sich Menschen mit hohem Selbstmitgefühl ambitioniertere Ziele, weil sie keine Angst vor Fehlern haben. Sie erreichen oft mehr, nicht weniger.

"Ich verdiene kein Mitgefühl für selbstverschuldete Probleme!" Wir zeigen anderen Menschen Mitgefühl, BESONDERS wenn sie Fehler machen. Warum solltest Du eine Ausnahme sein? Mitgefühl ist keine Belohnung für Perfektion.

"Das klingt nach Psycho-Geschwurbel!" Selbstmitgefühl ist kein esoterisches Konzept, sondern ein empirisch untersuchter psychologischer Zustand mit messbaren Vorteilen für Wohlbefinden und Leistung.

Der praktische Selbstmitgefühls-Notfallplan

Hier ist ein konkreter 5-Minuten-Plan für Momente, in denen Du in der Selbstvorwurfs-Falle steckst:

1. **Erkenne den Moment (30 Sekunden)** Werde Dir bewusst: "Ich bin gerade in einer Prokrastinations-Stress-Spirale."
2. **Atme und berühre (1 Minute)** Nimm drei tiefe Atemzüge, während Du eine Hand aufs Herz legst.
3. **Spreche zu Dir selbst (1 Minute)** Sage laut oder innerlich: "Dies ist ein Moment des Leidens. Leiden gehört zum Leben. Möge ich freundlich zu mir selbst sein."
4. **Stelle Dir eine neue Perspektive vor (1 Minute)** "Was würde mir eine weise, mitfühlende Person jetzt raten?"
5. **Mache einen winzigen Schritt (2 Minuten)** Nicht um die Prokrastination zu "reparieren", sondern um für Dich zu sorgen. Dieser kleine Schritt könnte so einfach sein wie ein Glas Wasser zu trinken oder einen einzigen Satz zu schreiben.

Dieser kurze Prozess unterbricht die negative Spirale und schafft Raum für konstruktiveres Handeln.

Denk daran: Der Weg aus der Prokrastination führt nicht über Selbsthass, sondern über Selbstverständnis. Du bist nicht faul, kaputt oder hoffnungslos. Du bist ein Mensch, der mit komplexen Herausforderungen kämpft und bessere Strategien braucht – nicht mehr Selbstvorwürfe.

Die Macht der Selbstverzeihung

Stell Dir folgende Situation vor: Es ist Sonntagabend, Du hast das ganze Wochenende prokrastiniert und nun musst Du einen Bericht bis Montagmorgen fertigstellen. Die Panik setzt ein, gefolgt von einer Welle der Selbstvorwürfe: "Wie konnte ich nur wieder so dumm sein?"

In diesem Moment stehst Du vor einer entscheidenden Weggabelung:

Weg 1: Die Selbstvorwurfs-Spirale Du versinkst in Schuldgefühlen, Selbsthass und Ärger, was Deine kognitive Kapazität weiter einschränkt und die Prokrastination noch verstärkt.

Weg 2: Der Selbstverzeihungs-Pfad Du erkennst Deinen Fehler an, verzeihst Dir selbst und richtest Deine Energie auf die Lösung statt auf Selbstbestrafung.

Die Forschung ist eindeutig: Selbstverzeihung führt zu besseren Ergebnissen, sowohl für Deine mentale Gesundheit als auch für Deine Produktivität.

Warum Selbstverzeihung funktioniert

Eine bahnbrechende Studie der Carleton University fand heraus, dass Studierende, die sich selbst für vergangene Prokrastination verziehen hatten, bei späteren Aufgaben WENIGER prokrastinierten. Selbstverzeihung reduzierte die negativen Emotionen bezüglich der Aufgabe, was wiederum die Motivation erhöhte.

Die psychologischen Mechanismen dahinter:

1. **Reduzierte emotionale Belastung** Selbstverzeihung befreit mentale Ressourcen, die sonst für Grübeln und Selbstkritik verwendet würden.
2. **Verbesserter Zugang zum "Lösungsmodus"** Schuld aktiviert das Bedrohungssystem des Gehirns, während Verzeihung den präfrontalen Kortex – zuständig für Planung und Problemlösung – stärkt.
3. **Unterbrechung des Teufelskreises** Selbstverzeihung durchbricht den Kreislauf, in dem negative Emotionen zu mehr Prokrastination führen.
4. **Verbessertes Selbstwirksamkeitsgefühl** Verzeihung stärkt den Glauben an die eigene Fähigkeit, Herausforderungen zu meistern.

Der Unterschied zwischen Selbstverzeihung und Ausreden

Ein häufiges Missverständnis: Selbstverzeihung bedeutet nicht, sich für Prokrastination zu entschuldigen oder sie zu rechtfertigen. Der Unterschied ist subtil, aber entscheidend:

Ausrede: "Es ist okay, dass ich prokrastiniert habe, weil [externe Faktoren]. Ich brauche nichts zu ändern."

Selbstverzeihung: "Ich erkenne an, dass ich prokrastiniert habe und übernehme die Verantwortung dafür. Ich verzeihe mir selbst als Mensch und konzentriere mich jetzt darauf, es besser zu machen."

Echte Selbstverzeihung beinhaltet:

- Ehrliche Anerkennung des Verhaltens
- Übernahme von Verantwortung
- Mitgefühl für sich selbst
- Verpflichtung zur Verbesserung

Der praktische Selbstverzeihungs-Prozess

Wie praktiziert man echte Selbstverzeihung? Hier ist ein Schritt-für-Schritt-Prozess:

1. Erkenne ohne Ausreden an Benenne konkret, was passiert ist: "Ich habe die Arbeit an diesem Bericht bis zum letzten Moment aufgeschoben."

2. Verstehe den Kontext, ohne zu entschuldigen Suche nach Erklärungen, nicht nach Ausreden: "Ich habe prokrastiniert, weil ich unsicher war, wie ich anfangen soll, und diese Unsicherheit war unangenehm."

3. Verbinde Dich mit Deiner gemeinsamen Menschlichkeit Erinnere Dich daran, dass Prokrastination eine universelle menschliche Erfahrung ist: "Millionen von Menschen kämpfen täglich mit genau diesem Problem."

4. Praktiziere einen formellen Verzeihungsakt Spreche (laut oder im Stillen) einen Satz der Selbstverzeihung aus: "Ich verzeihe mir dafür, dass ich diese Aufgabe aufgeschoben habe. Ich bin mehr als dieses Verhalten."

5. Ziehe Lehren für die Zukunft Frage Dich: "Was kann ich aus dieser Erfahrung lernen? Welche kleine Änderung könnte mir beim nächsten Mal helfen?"

6. Wende Dich nach vorne Formuliere eine positive Absicht: "Jetzt werde ich [konkreter nächster Schritt]."

Dieser Prozess mag am Anfang künstlich erscheinen, wird aber mit der Übung natürlicher und kann in wenigen Minuten durchgeführt werden.

Die "Saubere Tafel"-Technik

Eine besonders wirkungsvolle Methode ist die "Saubere Tafel"-Technik, die einen rituellen Neuanfang schafft:

1. **Nimm ein Blatt Papier** Schreibe alle Selbstvorwürfe bezüglich Deiner Prokrastination auf.
2. **Durchlebe die Gefühle** Lies das Geschriebene und erlaube Dir, die damit verbundenen Gefühle vollständig zu spüren.
3. **Transformiere das Blatt** Zerreiße das Papier (als Symbol der Freisetzung) oder schreibe "Ich verzeihe mir" darüber.
4. **Schaffe einen physischen Übergang** Ändere etwas in Deiner Umgebung – öffne ein Fenster, wechsle den Raum, trinke ein Glas Wasser.

5. **Beginne mit einer kleinen produktiven Handlung** Tue etwas, das mit Deinem Ziel verbunden ist, egal wie klein.

Dieses Ritual hilft, einen klaren psychologischen Schnitt zwischen der Vergangenheit (mit der Prokrastination) und der Gegenwart (mit der neuen Möglichkeit zu handeln) zu ziehen.

Die wiederkehrende Selbstverzeihung kultivieren

Selbstverzeihung ist keine einmalige Angelegenheit, sondern eine Praxis. Besonders für chronische Prokrastinierer ist es wichtig, einen regelmäßigen "Selbstverzeihungs-Muskel" aufzubauen:

Tägliche Mikro-Verzeihungen Ende jeden Tag mit einem kurzen Moment der Selbstverzeihung für alles, was nicht ideal gelaufen ist.

Die Selbstverzeihungs-Meditation Reserviere 5 Minuten pro Woche für eine geführte Selbstverzeihungs-Meditation (zahlreiche kostenlose Anleitungen sind online verfügbar).

Der wöchentliche Reset Implementiere ein wöchentliches Ritual, bei dem Du Dir für die Prokrastination der vergangenen Woche verzeihst und einen frischen Start für die kommende Woche planst.

Der Verzeihungs-Trigger Verbinde einen häufigen Alltagsgegenstand (z.B. Deine Armbanduhr oder eine bestimmte Tür) mit der Erinnerung an Selbstverzeihung.

Eine kontinuierliche Selbstverzeihungspraxis verändert langfristig Deine Beziehung zur Prokrastination – von einem Zyklus der Scham und Selbstbestrafung zu einem Prozess des Lernens und Wachsens.

Wie Du aus Rückschlägen lernst, ohne in Selbstmitleid zu versinken

Prokrastination wird uns allen immer wieder passieren – selbst den produktivsten Menschen der Welt. Der Unterschied zwischen chronischen Prokrastinierern und produktiven Menschen liegt nicht darin, ob sie prokrastinieren, sondern wie sie mit diesen Rückschlägen umgehen.

Der Schlüssel liegt darin, aus Rückschlägen zu lernen, ohne in Selbstmitleid zu versinken. Das ist eine Gratwanderung, die Fingerspitzengefühl erfordert.

Die Rückschlagsanalyse: Der goldene Mittelweg

Zwischen gnadenloser Selbstkritik und konsequenzloser Ausreden-Suche liegt eine produktive Mitte: die analytische Selbstreflexion. Sie verurteilt nicht und entschuldigt nicht – sie untersucht.

Der 4-Schritte-Prozess der Rückschlagsanalyse:

1. Schaffe emotionale Distanz Warte, bis die stärksten negativen Gefühle abgeklungen sind. Eine gute Faustregel: Wenn Du über die Situation sprechen kannst, ohne Dich aufzuregen, bist Du bereit für die Analyse.

2. Sammle Daten wie ein Wissenschaftler Gehe mit der Neugier eines Forschers an die Situation heran:

- Wann genau begann die Prokrastination?
- Was waren die Auslöser? (Innere Zustände, äußere Umstände)
- Welche Gedanken und Gefühle begleiteten sie?
- Wie hast Du prokrastiniert? (Spezifische Ablenkungen)

- Was hat die Prokrastination schließlich beendet (falls sie endete)?

3. Identifiziere Muster und Zusammenhänge Suche nach wiederkehrenden Elementen in Deiner Prokrastination:

- Gibt es bestimmte Tageszeiten, die problematischer sind?
- Sind bestimmte Arten von Aufgaben besonders anfällig?
- Tauchen spezifische Gedanken oder Gefühle immer wieder auf?
- Gibt es äußere Faktoren, die konsistent eine Rolle spielen?

4. Entwickle gezielte Anpassungen Basierend auf Deinen Erkenntnissen, identifiziere EIN spezifisches Element, das Du ändern könntest:

- Eine Umgebungsanpassung
- Eine präventive Strategie
- Ein neues Hilfsmittel oder eine Technik
- Eine Veränderung im Timing oder in der Herangehensweise

Der entscheidende Punkt: Diese Analyse fokussiert sich auf Lernen und Anpassung, nicht auf Selbstbestrafung oder Selbstrechtfertigung.

Die Selbstmitleid-Falle vermeiden

Während Selbstvorwürfe offensichtlich schädlich sind, kann auch die andere Extremposition – das Selbstmitleid – zur Prokrastinationsfalle werden.

Selbstmitleid unterscheidet sich von Selbstmitgefühl in entscheidenden Punkten:

Selbstmitgefühl:

- Erkennt Leiden an, ohne in ihm zu versinken
- Verbindet persönliche Erfahrungen mit universellen menschlichen Erfahrungen
- Motiviert zu konstruktivem Handeln
- Schafft emotionale Ausgewogenheit

Selbstmitleid:

- Überhöht und dramatisiert persönliches Leiden
- Isoliert die eigene Erfahrung als besonders oder einzigartig
- Führt zu Passivität und weiterer Prokrastination
- Verstärkt negative Emotionen

Warnsignale, dass Du in Selbstmitleid abgleitest:

- Du wiederholst die gleiche "armes ich"-Geschichte immer wieder
- Du lehnst konstruktive Vorschläge kategorisch ab
- Du siehst Dich als Opfer von Umständen, die Du eigentlich beeinflussen könntest
- Du genießt insgeheim die Aufmerksamkeit oder Sympathie, die Deine "Leidensgeschichte" erzeugt

Die Kunst, hilfreiche Lehren zu ziehen

Wie extrahierst Du nützliche Erkenntnisse aus Deinen Prokrastinations-Episoden, ohne zu verallgemeinern oder in negative Denkmuster zu verfallen?

1. Die spezifische vs. globale Bewertung

- Unproduktiv: "Ich bin ein hoffnungsloser Prokrastinierer."

- Produktiv: "In dieser speziellen Situation habe ich prokrastiniert, weil X, Y und Z."

2. Die temporäre vs. permanente Perspektive

- Unproduktiv: "Ich werde immer prokrastinieren."
- Produktiv: "Diesmal habe ich prokrastiniert, aber mit besseren Strategien kann sich das ändern."

3. Der Verhaltens- vs. Identitätsfokus

- Unproduktiv: "Ich bin faul und undiszipliniert."
- Produktiv: "Dieses Verhalten war nicht effektiv. Ich kann andere Verhaltensweisen lernen."

4. Die prozess- vs. personenorientierte Analyse

- Unproduktiv: "Was stimmt nicht mit mir?"
- Produktiv: "Was in meinem Ansatz hat nicht funktioniert?"

5. Die zukunftsorientierte vs. vergangenheitsfixierte Haltung

- Unproduktiv: "Ich habe wieder versagt, wie immer."
- Produktiv: "Was kann ich beim nächsten Mal anders machen?"

Praktische Tools für produktives Lernen aus Rückschlägen

Hier sind einige konkrete Werkzeuge, die Dir helfen, aus Prokrastinations-Episoden zu lernen, ohne in Selbstmitleid zu versinken:

Das Prokrastinations-Tagebuch Führe ein spezielles Notizbuch oder eine digitale Notiz, in dem Du Prokrastinations-Episoden,

Auslöser und erfolgreiche Gegenstrategien dokumentierst. Die bloße Beobachtung verändert bereits das Verhalten.

Die "Drei Lehren"-Übung Nach jeder signifikanten Prokrastinations-Episode, notiere genau drei Dinge, die Du daraus lernen kannst. Nicht mehr, nicht weniger. Dies erzwingt eine balancierte Analyse.

Die Erfolgs-Autopsie Analysiere nicht nur Deine Rückschläge, sondern auch Deine Erfolge. An welchen Tagen hast Du NICHT prokrastiniert? Was war anders? Diese "positive Abweichungen" enthalten wertvolle Hinweise.

Der Prokrastinations-Buddy Finde einen vertrauenswürdigen Freund oder Kollegen, mit dem Du über Deine Prokrastination reflektieren kannst. Externe Perspektiven können blinde Flecken aufdecken und Selbstmitleid durchbrechen.

Die "Als ob"-Technik Stelle Dir vor, ein Freund hätte genau dieselbe Prokrastinations-Episode erlebt und bittet Dich um Rat. Was würdest Du ihm sagen? Diese Distanzierung erzeugt oft überraschend klare und mitfühlende Einsichten.

Das zukünftige Selbst-Interview Stelle Dir vor, Du interviewst Dein zukünftiges, erfolgreicheres Selbst: "Wie hast Du die Prokrastination überwunden? Was war der Wendepunkt?" Diese Technik aktiviert kreative Problemlösungsfähigkeiten.

Die Resilienz-Schleife

Der ultimative Ansatz, um aus Rückschlägen zu lernen, ist die Entwicklung einer "Resilienz-Schleife" – eines wiederholbaren Prozesses, der Dich schnell von Prokrastinations-Episoden erholt und Dich stärker zurücklässt:

1. **Akzeptiere** den Rückschlag ohne Drama ("Okay, ich habe prokrastiniert.")
2. **Fühle** die damit verbundenen Emotionen vollständig, aber kurz
3. **Verzeihe** Dir selbst bewusst und vollständig
4. **Untersuche** die Situation mit neutraler Neugier
5. **Extrahiere** eine spezifische Lektion oder Anpassung
6. **Implementiere** diese kleine Änderung sofort
7. **Feiere** Deinen Lernprozess und Deine Resilienz

Mit jeder Durchlaufung dieser Schleife baust Du nicht nur bessere Anti-Prokrastinations-Strategien auf, sondern auch einen stärkeren "emotionalen Muskel" für den Umgang mit Rückschlägen.

Denk daran: Der Unterschied zwischen einem "Master" und einem Anfänger liegt nicht darin, dass der Master nie scheitert – sondern darin, dass er schneller aufsteht, mehr lernt und weniger Zeit mit Selbstvorwürfen oder Selbstmitleid verbringt.

Die wahre Kunst liegt nicht darin, nie zu prokrastinieren, sondern darin, elegant mit den unvermeidlichen Episoden umzugehen – mit Selbstmitgefühl statt Selbstvorwürfen, mit Lernen statt Lamentieren, mit Anpassung statt Aufgeben.

Warum Prokrastination nie ganz verschwindet (und das okay ist)

Wenn Du bis zu diesem Kapitel gelesen hast, hast Du vermutlich auf eine Art Erleuchtung gehofft – den einen magischen Trick, der Deine Prokrastination für immer verschwinden lässt. Tut mir leid, dass ich diese Illusion zerstören muss, aber hier kommt eine unbequeme Wahrheit: Prokrastination wird Dich wahrscheinlich Dein ganzes Leben begleiten.

Das klingt zunächst entmutigend, ist aber eigentlich eine Befreiung. Warum? Weil es Dich von dem erschöpfenden Kampf befreit, perfekt sein zu wollen. Die Vorstellung, dass Du eines Tages zu einem Prokrastinations-freien Produktivitäts-Ninja wirst, ist nicht nur unrealistisch – sie ist unnötig.

Die meisten erfolgreichen Menschen prokrastinieren immer noch. Der Unterschied? Sie haben gelernt, mit ihrer Prokrastination zu tanzen, anstatt von ihr beherrscht zu werden.

Die Prokrastinations-Wellen verstehen

Stell Dir Prokrastination wie Wellen im Meer vor. Manchmal sind sie größer, manchmal kleiner, aber sie verschwinden nie vollständig. Selbst die produktivsten Menschen erleben regelmäßig Prokrastinations-Episoden:

1. **Die naturgemäße Fluktuation** Deine Energie, Motivation und Fokus schwanken aufgrund biologischer Zyklen,

externer Umstände und psychologischer Faktoren. Das ist nicht "kaputt" – das ist menschlich.

2. **Die Adaptations-Herausforderung** Sobald Du eine Strategie gegen Prokrastination meisterst, passt sich Dein Gehirn an und findet neue Wege zu prokrastinieren. Es ist bemerkenswert kreativ!

3. **Die Lebensumstände-Variable** Größere Lebensveränderungen wie ein neuer Job, Umzug, Beziehungen oder gesundheitliche Herausforderungen können Deine bewährten Anti-Prokrastinations-Systeme vorübergehend destabilisieren.

4. **Das Aufgaben-Evolution-Phänomen** Mit persönlichem Wachstum übernimmst Du komplexere, anspruchsvollere Aufgaben, die neue Prokrastinations-Auslöser aktivieren können.

Diese natürlichen Zyklen bedeuten: Statt zu versuchen, Prokrastination zu "besiegen", ist es sinnvoller, zu lernen, wie Du mit ihr leben und trotz ihrer gedeihen kannst.

Die Erfolgsformel: Reduzieren, nicht Eliminieren

Der realistischere und gesündere Ansatz ist, Deine Prokrastination zu reduzieren und ihren Einfluss zu begrenzen:

1. Minimiere die Häufigkeit Mit den Strategien aus den vorherigen Kapiteln kannst Du die Anzahl der Prokrastinations-Episoden verringern – auch wenn Du sie nicht vollständig eliminierst.

2. Verkürze die Dauer Entwickle Fähigkeiten, um Dich schneller aus Prokrastinations-Spiralen zu befreien. Schneller zurückzukommen ist oft wichtiger, als gar nicht erst abzudriften.

3. Reduziere die Intensität Statt stundenlangem Social-Media-Scrollen vielleicht nur 15 Minuten. Statt eines ganzen Tages Vermeidung vielleicht nur ein Vormittag.

4. Begrenze die Konsequenzen Durch strategisches Planen, Pufferzeiten und vorbereitete Notfallpläne (wie in Kapitel 13 beschrieben) kannst Du den Schaden begrenzen, wenn Du doch prokrastinierst.

Der Fokus verschiebt sich von "Prokrastination vollständig eliminieren" zu "produktiv sein, auch wenn Prokrastination gelegentlich auftritt".

Die Reife-Perspektive: Beziehung statt Krieg

Mit der Zeit kann sich Deine Beziehung zur Prokrastination von einem erbitterten Kampf zu einem weiseren Verständnis entwickeln:

Phase 1: Der naive Optimismus "Mit dieser neuen Technik werde ich nie wieder prokrastinieren!"

Phase 2: Die Frustrations-Reaktion "Ich habe alles versucht und prokrastiniere immer noch. Was stimmt nicht mit mir?"

Phase 3: Das pragmatische Management "Diese Strategien helfen mir, weniger zu prokrastinieren und schneller zurückzukommen."

Phase 4: Die reife Integration "Ich verstehe meine Prokrastinations-Muster und kann sie oft als Signale nutzen. Wenn ich trotzdem prokrastiniere, gehe ich produktiv damit um."

In dieser letzten Phase erkennst Du, dass Prokrastination manchmal sogar nützliche Informationen liefern kann:

- Vielleicht signalisiert sie, dass eine wichtige Erholungspause notwendig ist
- Vielleicht weist sie auf einen ungelösten inneren Konflikt hin
- Vielleicht zeigt sie, dass ein Projekt neu strukturiert werden muss
- Vielleicht deutet sie auf ein tieferes Problem mit der gewählten Richtung hin

Anstatt Prokrastination als Feind zu sehen, kannst Du sie als unbeholfenen, aber manchmal weisen Berater betrachten – dessen Ratschläge Du höflich anhören und dann selbst entscheiden kannst, ob Du ihnen folgst.

Die Prokrastinations-Identität loslassen

Ein entscheidender Schritt in der langfristigen Bewältigung von Prokrastination ist die Veränderung Deiner Selbstwahrnehmung:

Die einschränkende Identität: "Ich bin ein Prokrastinierer" (als festes, unveränderliches Merkmal)

Die befreiende Alternative: "Manchmal prokrastiniere ich" (als vorübergehendes Verhalten)

Diese subtile Verschiebung hat tiefgreifende Auswirkungen. Unsere Identität beeinflusst stark unser Verhalten – wir handeln konsistent mit unserem Selbstbild.

Praktische Schritte zur Identitätsveränderung:

1. **Beachte Deine Sprache** Ersetze "Ich bin ein Prokrastinierer" durch "Ich bemerke, dass ich gerade prokrastiniere"

2. **Sammle Gegenbeweise** Führe ein "Produktivitäts-Erfolgs-Tagebuch", das Zeiten dokumentiert, in denen Du NICHT prokrastiniert hast
3. **Finde neue Identitätsanker** Entwickle alternative Selbstbeschreibungen: "Ich bin resilient", "Ich bin lernfähig", "Ich bin reflektiert"
4. **Praktiziere bewusste Distanzierung** Beobachte Deine Prokrastination mit Neugier, als wärst Du ein Wissenschaftler, der ein interessantes Phänomen studiert

Mit der Zeit wird die Prokrastination von einem zentralen Teil Deiner Identität zu einem gelegentlichen Verhalten, das Du beobachten und anpassen kannst.

Strategien für den langfristigen Erfolg

Nachdem wir akzeptiert haben, dass Prokrastination ein lebenslanger Begleiter sein wird, können wir uns auf Strategien konzentrieren, die langfristig funktionieren – nicht nur für einen kurzen Motivationsschub.

Die Meta-Strategien

Diese übergeordneten Ansätze bilden das Fundament für nachhaltige Produktivität:

1. Die System-über-Willenskraft-Philosophie Baue Dein Leben so um, dass es weniger Willenskraft erfordert, produktiv zu sein. Systeme funktionieren, wenn Willenskraft versagt.

Beispiele:

- Automatisiere wiederkehrende Entscheidungen
- Gestalte Deine Umgebung für minimale Ablenkung

- Entwickle Routinen, die produktives Verhalten automatisieren

2. Die anti-fragile Produktivität Entwickle einen Ansatz, der
nicht nur widerstandsfähig gegen Störungen ist, sondern durch sie
gestärkt wird.

Beispiele:

- Halte "Rückschlagspläne" bereit für unvermeidliche Pro-
  krastinations-Episoden
- Lerne aus jedem produktiven und unproduktiven Tag
- Implementiere regelmäßige System-Reviews

3. Die Mini-Gewohnheiten-Philosophie Konzentriere Dich auf
lächerlich kleine tägliche Handlungen, die schrittweise zu großen
Veränderungen führen.

Beispiele:

- Eine Minute täglich für wichtige Projekte reservieren
- Eine Seite lesen
- Einen Satz schreiben

4. Die Selbstmitgefühl-Praxis Mache Selbstmitgefühl zu einem
nicht verhandelbaren Element Deines Produktivitätsansatzes.

Beispiele:

- Tägliche kurze Selbstmitgefühl-Meditation
- Freundliche Selbstgespräche vor schwierigen Aufgaben
- "Erholungs-Verträge" mit Dir selbst

Die Lebensphasen-Anpassung

Ein besonders wichtiger Aspekt langfristiger Prokrastinationsbewältigung ist die Anpassung Deiner Strategien an verschiedene
Lebensphasen:

Der junge Erwachsene Typische Herausforderungen: Akademi-
scher Druck, berufliche Orientierung, Identitätsbildung Fokus-
Strategien: Habit Stacking, klare Strukturen, peer-basierte Accountability

Die Karriere-Aufbauphase Typische Herausforderungen: Beruflicher Druck, Work-Life-Balance, zunehmende Verantwortung Fokus-Strategien: Energiemanagement, strategisches Nein-Sagen,
Zeit-Blockierung

Die Familienphase Typische Herausforderungen: Chronischer
Schlafmangel, geteilte Aufmerksamkeit, wenig Eigenzeit Fokus-
Strategien: Mikro-Produktivität, realistische Erwartungen, Prioritä-
ten-Triage

Die Midlife-Phase Typische Herausforderungen: Karriereplateau,
Sinnfragen, gesundheitliche Veränderungen Fokus-Strategien: Pur-
pose-Alignment, körperliche Energie optimieren, Deep Work

Die späte Berufsphase Typische Herausforderungen: Technologi-
scher Wandel, veränderte Prioritäten, Mentoring-Rollen Fokus-
Strategien: Delegieren, Fokus auf Stärken, Erfahrung vs. Effizienz

Der Ruhestand Typische Herausforderungen: Strukturmangel,
veränderte Identität, neue Projekte Fokus-Strategien: Sinnstiftende
Routinen, soziale Verpflichtungen, niedrigschwellige Startpunkte

Die Kunst besteht darin, Deine Anti-Prokrastinations-Strategien an
Deine aktuelle Lebensphase anzupassen, statt zu versuchen, einen
Einheitsansatz auf alle Lebenssituationen anzuwenden.

Die kontinuierliche Verbesserungsschleife

Für langfristigen Erfolg brauchst Du einen Prozess zur ständigen Verfeinerung Deiner Produktivitätssysteme:

1. Die regelmäßige System-Überprüfung Plane eine monatliche oder vierteljährliche "Produktivitäts-Retrospektive":

- Was funktioniert gut?
- Was funktioniert nicht mehr?
- Welche neuen Herausforderungen sind aufgetaucht?
- Welche neuen Tools oder Methoden könntest Du ausprobieren?

2. Die experimentelle Haltung Betrachte Deine Produktivitätsstrategien als fortlaufende Experimente:

- Teste neue Methoden für 30 Tage
- Sammle Daten über Deinen Fortschritt
- Behalte, was funktioniert, und lass los, was nicht funktioniert

3. Die Weisheits-Sammlung Baue eine persönliche "Erfolgsformel-Bibliothek" auf:

- Notiere produktive Tage und was sie auszeichnete
- Sammle persönliche Einsichten über Deine Prokrastinations-Muster
- Dokumentiere erfolgreiche Recovery-Strategien nach Prokrastinations-Episoden

4. Die Erkenntnisgemeinschaft Verbinde Dich mit anderen auf dem gleichen Weg:

- Teile Erfahrungen in Produktivitätsgruppen

- Lerne von Mentoren, die ähnliche Herausforderungen gemeistert haben
- Werde Mentor für andere, um Dein eigenes Verständnis zu vertiefen

Diese kontinuierliche Verbesserungsschleife sorgt dafür, dass Deine Prokrastinationsbewältigung mit Dir wächst und sich entwickelt, anstatt zu stagnieren.

Der Pro-Aktivitäts-Plan für den Rest Deines Lebens (oder bis zur nächsten Staffel Deiner Lieblingsserie)

Zum Abschluss unserer Reise hier ein praktischer, lebenslanger Plan zur Prokrastinationsbewältigung – oder zumindest bis zur nächsten Verlockung einer Netflix-Binge:

Tägliche Praktiken

Morgen-Minimums:

- 2 Minuten Visualisierung Deiner wichtigsten Aufgaben
- Die "Nur 5 Minuten"-Regel für die erste Aufgabe des Tages
- Eine kurze Selbstmitgefühl-Affirmation

Tag-Taktiken:

- Timeboxing für begrenzte Fokusperioden
- Bewusste "Prokrastinations-Erlaubnis" für designierte Pausen
- Mini-Reset nach jeder Prokrastinations-Episode

Abend-Anker:

- Kurze Tagesreflexion: Was hat funktioniert? Was nicht?
- Vorbereitung der Umgebung für den nächsten Tag
- Ein Moment der Selbstverzeihung für jede Prokrastination des Tages

Wöchentliche Werkzeuge

Die Sonntags-Strategie:

- 15-Minuten-Wochenplanung mit realistischen Zeitschätzungen
- Identifizierung von 1-3 "Wenn-Dann"-Plänen für erwartete Prokrastinations-Auslöser
- Festlegung eines wöchentlichen Experiments zur Produktivitätsverbesserung

Die Mitte-der-Woche-Korrektur:

- Kurze Überprüfung des Fortschritts und Anpassung des Wochenplans
- Erneuerte Verpflichtung zu Prioritäten
- Mini-Belohnung für bisherige Erfolge

Monatliche Mechanismen

Die Monats-Reflexion:

- Überprüfung der Produktivitätssysteme und -gewohnheiten
- Identifikation wiederkehrender Prokrastinations-Muster
- Implementierung einer neuen Strategie oder Anpassung

Die Gewohnheits-Inventur:

- Welche produktiven Gewohnheiten haben sich etabliert?
- Welche brauchen mehr Unterstützung?
- Welche neue Mini-Gewohnheit könnte implementiert werden?

Vierteljährliche Quests

Die tiefgehende Systemüberprüfung:

- Eingehende Analyse der Produktivitätsdaten
- Identifikation saisonaler Muster und Anpassungen
- Erneuerung oder Überarbeitung längerfristiger Ziele

Die Ressourcen-Erweiterung:

- Erlernen einer neuen Produktivitätstechnik
- Lesen eines relevanten Buches
- Ausprobieren eines neuen Tools oder einer App

Jährliche Adjustierungen

Die Jahres-Reflexion:

- Großer Überblick über Produktivitätsentwicklung
- Anpassung an neue Lebensumstände oder -phasen
- Festlegung eines Jahresthemas für Produktivität

Die Identitäts-Evolution:

- Bewusste Weiterentwicklung Deines Selbstbildes
- Zelebrierung des Fortschritts und der Veränderung
- Erneuerung des Commitments zum kontinuierlichen Lernen. Lass Dich darauf ein.

Die Kernbotschaft: Prokrastination zu bewältigen ist kein einmaliges Projekt mit Enddatum, sondern eine lebenslange Praxis – wie Zähneputzen, nur komplizierter.

Das Ziel ist nicht, nie wieder zu prokrastinieren, sondern ein Leben aufzubauen, in dem Prokrastination ein gelegentlicher Besucher ist, nicht der Hausherr. Ein Leben, in dem Du die Kontrolle über Deine Zeit und Energie behältst, auch wenn Du nicht perfekt bist.

Und wenn Du jetzt nach dem Lesen dieses Buches eine Netflix-Serie anschaust, bevor Du Deine To-Do-Liste in Angriff nimmst? Das ist völlig in Ordnung. Der wahre Erfolg liegt nicht darin, nie zu prokrastinieren, sondern darin, ein erfülltes, produktives Leben zu führen – trotz, mit und manchmal sogar dank der gelegentlichen Prokrastination.

Denn letztendlich geht es nicht um perfekte Produktivität, sondern um ein gut gelebtes Leben. Und dazu gehören sowohl produktive Stunden als auch gelegentliche Netflix-Marathons.

Schlusswort

Liebe Leserin, lieber Leser,

wenn Du bis zu dieser Stelle hier gekommen bist, dann herzlichen Glückwunsch! Das bedeutet eins von zwei Dingen: Entweder hast Du dieses Buch tatsächlich von Anfang bis Ende gelesen (unglaublich!), oder Du bist direkt zum Ende gesprungen, um die Zusammenfassung zu lesen (verständlich und clever!). In beiden Fällen habe ich Respekt vor Deiner Entscheidung.

Die Ironie ist mir nicht entgangen, dass Du möglicherweise das Lesen dieses Buches als Form der Prokrastination genutzt hast, um etwas anderes aufzuschieben. Falls das der Fall ist: Ich fühle mich geehrt, Dein Prokrastinations-Mittel der Wahl gewesen zu sein! Immerhin gibt es Schlimmeres, als Zeit mit einem Buch zu verbringen, das Dir hoffentlich dabei helfen wird, in Zukunft weniger zu prokrastinieren.

Als ich anfing, dieses Buch zu schreiben (nachdem ich es natürlich nicht monatelang aufgeschoben hatte), war mein Ziel nicht, einen weiteren perfekten Produktivitätsratgeber zu erschaffen. Die Welt ist voll von Büchern, die Dir perfekte Systeme versprechen, wenn Du nur diszipliniert genug bist, sie umzusetzen – was, wie wir wissen, genau das Problem ist. Meist sind sie elendig kompliziert oder zu wissenschaftlich.

Stattdessen wollte ich ein Buch schreiben, das Dich zum Lachen bringt, während es Dir hilft; das Dich versteht, anstatt Dich zu verurteilen; und das Dir praktische Werkzeuge gibt, die funktionieren, selbst wenn Du weiterhin manchmal prokrastinierst (was Du tun wirst, und das ist in Ordnung).

Prokrastination ist kein Problem, das "gelöst" werden kann wie eine mathematische Gleichung. Es ist eine lebenslange Herausforderung, die Teil des menschlichen Erfahrungsschatzes ist. Der Trick besteht nicht darin, sie zu eliminieren, sondern sie zu zähmen, mit ihr zu tanzen und manchmal sogar von ihr zu lernen.

Mein größter Wunsch ist, dass Du nach dem Lesen dieses Buches nicht nur besser gerüstet bist, um mit Prokrastination umzugehen, sondern dass Du auch ein bisschen freundlicher zu Dir selbst bist. Denn letztendlich ist Selbstmitgefühl – nicht eiserne Disziplin – der Schlüssel zu einem produktiveren und glücklicheren Leben.

Also geh hinaus (oder bleib drinnen, je nach Wetterlage und sozialer Energie), sei produktiv, wenn es wichtig ist, erlaube Dir gelegentlich zu prokrastinieren, und vor allem: Genieße das einzige Leben, das Du hast – mit all seinen produktiven und unproduktiven Momenten. Lass nur nicht die unproduktiven Momente die Überhand gewinnen.

Mit prokrastinationsfreundlichen Grüßen

Roman Schneider

P.S.: Wenn Du jetzt etwas aufschiebst, während Du dieses Nachwort liest, möchte ich Dir etwas Wichtiges sagen: Das Buch ist jetzt zu Ende. Es gibt keine weiteren Ausreden mehr. Zeit, anzufangen... oder zumindest darüber nachzudenken, bald anzufangen. Oder vielleicht morgen. Oder am Montag. Montage sind gut zum Anfangen. Wobei, nächster Monat hat auch viele gute Montage...

Über den Autor:

Roman Schneider als in Südbaden lebender Mittfünfziger hatte schon früh im Berufsleben viel Verantwortung übertragen bekommen. Gerne auch mehr Aufgaben als man in der dafür zur Verfügung stehenden Zeit eigentlich bewerkstelligen konnte. Ob es als Mitglied der Geschäftsleitung eines Handelsunternehmens oder im Onlinemarketing war: Er erwischte sich dabei, große und ggf. als unangenehm empfundene Aufgaben gerne zu verschieben. Durch Coaching und Selbstdisziplin gelang es ihm, auf Prokrastination weitgehend zu verzichten und sich feste Zeiten für bestimmte Tätigkeiten zu blocken und Dinge, die abgearbeitet werden müssen, auch zeitnah abzuarbeiten. Die Erkenntnisse aus seiner eigenen Erfahrung und auch aus Gesprächen mit anderen Betroffenen hat er in das Buch einfließen lassen.

Manchmal erwischt sich auch heute noch dabei, wie er „Recherche" für ein Projekt im Internet betreibt, dabei auch über Welpen Videos stolpert und noch das Unkraut am Balkon zupft, bevor die Umsatzsteuererklärung fertiggestellt wird. Heute ist das aber eher die Ausnahme. So hat er auch mehr Zeit für die Familie. Was ihm selbst geholfen hat, hat er im Buch zusammengefasst. Das Buch ist mit einer Prise Humor geschrieben, weil das Thema ja schon ernst genug ist.